임상 적용을 위한

미술치료기법

김인선 · 김설화
전은청 · 오승주
공저

Art Therapy TECHNIQUES FOR CLINICAL APPLICATION

학지사

머리말

내담자의 미술작품은 내담자와 미술치료사를 연결해 주는 강한 힘을 가지고 있어 마법의 끈과 같다. 작업 과정 안에서 작품을 함께 바라보며 공감하고 소통하며 자신이 미처 몰랐던 자기를 발견하고 이해하고 화해하는 계기를 갖는다. 내담자뿐만 아니라 치료사도 마찬가지로 내담자와 함께 경험하며 성장한다. 그리고 그 과정 속에서 신뢰의 끈은 더욱 강한 힘을 발휘하여 지치고 힘든 치료사를 일으켜 세우며 회복시킨다.

이렇듯 미술치료는 미술이 갖는 매체의 특성과 기법을 통해 내담자가 자신을 표현 · 지각하고 성장할 수 있도록 도움을 준다. 바쁘게 살아가는 우리에게 자신을 돌아보고 표현하는 미술치료의 경험은 마치 장거리 달리기에서 물 한 모금과 같은 갈증 해소와 쉼을 가져온다.

이러한 과정에서 미술매체가 갖는 고유한 특성은 시각과 촉각을 통해 이완과 조절을 가져오며 작품 속에서 미처 몰랐던 자신을 발견하는 경험을 한다. 찰흙은 어머니의 젖가슴을 떠올리거나 어린 시절 동무와의 흙놀이를 떠올리게 하기도 하는 등 생각하지 못했던 다양한 연상을 가져다준다. 따라서 미술치료기법은 치료사가 어떤 방법으로 표현하도록 유도하느냐에 따라 동일한 찰흙이 화산이나 공룡이 되기도 하고, 그릇이나 동굴이 되기도 하며, 미술치료사가 내담자의 특성에 적절한 매체를 무엇을 어떻게 적용하느냐에 따라 상담의 방향과 목표가 달라질 수 있다. 따라서 미술치료사에게 매체와 기법에 대한 이해는 치료라는 여행에 있어 목적지로 가는 나침반과 지도(map)를 갖는 것과 유사하다. 그러므로 미술치료사는 내담자를 치료함에 있어 행복이라는 목적지를 향한 나침반과 지도에 대한 갈급함을 항상 느낀다.

초보 치료사 시절을 떠올려 보면 '어떤 재료를 사용해야 효과적일까?' '내담자에게 어떤 기법으로 접근하여야 할까?' 등을 항상 고민하며 많은 서적을 뒤적거렸고, 그럴 때마다 적절하게 도움을 줄 수 있는 자료들이 턱없이 부족하다는 것을 느꼈었다.

그리하여 저자들은 오랫동안 임상현장에서 이 책을 준비하였다. 수많은 논의와 내담자의 치료적 검증을 거쳐 임상현장에서 미술치료기법을 쉽게 이해하고 적용할 수 있도록 정리하고자 노력하였다. 어떤 기법이 자신의 내담자 치료적 목표에 효과적으로 접근할 수 있을까에 대한 고민과 어려움이 해소될 수 있기를 바라는 마음으로 이 책을 출간하게 되었다.

이 책의 기법은 내담자 유형별로 목표를 정리하였고, 기법마다 필요한 준비물을 구체적으로 제시하였다. 또한 적용 대상과 적용 시기, 작업 과정, 치료사의 유의점 등을 상세하게 기술하여 이 책을 활용하는 치료사와 상담사가 실제 임상현장에서 적용하는 데 어려움을 줄이고자 노력하였다. 특히 하나의 기법을 변형하여 '변형 기법'으로 간단하게 정리하여 추가하였다. 이는 치료사와 상담가가 다양한 임상현장과 내담자의 특성에 따라 응용해서 사용할 수 있어 더욱 유용할 것이라 기대된다.

아쉬운 점은 기법 중심으로 정리하다 보니 적용할 수 있는 유형별 대상(개인, 집단, 가족)을 구체적으로 구분하여 대상별 작업 과정으로 정리할 수가 없었던 것이다. 이러한 문제는 차후 대상의 유형에 따른 기법 관련 책을 출간하는 것으로 남겨 둔다.

그리고 다양한 대상자와 목표에 따른 미술치료기법을 정리하다 보니, 제목을 정하는 것과 기법을 치료 목표에 따라 분류하여 정리하는 것에 어려움이 컸다. 따라서 다음과 같이 몇 가지 기준을 두었다.

첫째, 적용 대상 및 유형은 인간발달이나 장애에 근거하여 정리한 것이 아니라, 생애주기별 · 심리적 특성으로 정리하였다.

둘째, 기법의 장 분류는 최대한 영역별로 나누어 현장에서 치료사나 상담가들이 편리하게 적용할 수 있도록 구분 지었다.

셋째, 목표별 영역 구분은 기대되는 치료적 효과가 다양하고 애매하여 진행 과정에서 중심이 되는 목표를 기준으로 구분하였다.

넷째, 기법의 제목은 프로그램 목표나 활동에 맞추어 정하였다.

다섯째, 기법들이 유사해 보일지라도 기대효과나 목표에 따라 차이가 있다.

여섯째, 작업 과정에서 내담자에 따라 좀 더 세부적으로 다루어져야 하는 문제는 치료사가 융통성을 가지고 접목 · 변형할 필요성이 있다.

일곱째, 작업 과정에서 치료사의 촉진과 통제 등 세심한 치료사의 역할에 대한 내용은 치료사의 유의점에서 보완하여 설명하였다.

여덟째, 치료사가 손쉽게 접할 수 있는 기본적인 매체에서부터 변형하여 적용 가능한 매체 범위까지 소개하였으나, 매체에 제한이 따를 때에는 치료사의 융통성이 필요하다.

아홉째, 작업 과정을 순서에 따라 지키려는 것보다 치료사의 민첩성을 발휘하여 내담자의 욕구에 따른 대처능력이 필요하다.

임상현장에서 만나는 여러 대상자에게 효과적이고 탄력적인 미술치료를 적용할 수 있도록 구성한 이 책은 미술치료 입문자 및 초보 미술치료사뿐만 아니라 미술치료적 기법을 적용하고자 하는 심리상담사에게도 도움을 줄 수 있으리라 생각된다. 독자 여러분의 많은 관심과 질책을 부탁드리며, 끝으로 출판의 기회를 주신 김진환 사장님과 세심하게 교정에 힘을 써 주신 황미나 편집자님의 노고에도 진심으로 감사를 드린다.

2018년 3월

저자 일동

차례

제6장

발달촉진 … 223

제7장

희망과 비전 … 267

제1장

자아개념

1. My Hands

1) 준비물

4절 켄트지, 색연필, 사인펜, 크레파스, 물감

2) 적용 대상 및 유형

아동, 청소년, 성인 / 개인, 집단

3) 적용 시기

중기

4) 목표

자신의 손을 통해 자기를 탐색하고 긍정적인 자아상을 이끌어 낸다.

5) 작업 과정

① 4절 켄트지 위에 손바닥부터 팔꿈치 또는 팔꿈치 중간 정도까지 펜으로 본을 뜬다(양손 또는 한 손을 사용할 수 있다).

② 본뜬 손을 보며 자신의 손에 대해 이야기한다.

- 무엇을 하는 손인가?
- 손이 하는 가장 멋진 일과 가장 마음에 들지 않는 일은?
- 어떤 손이 되고 싶은가?

③ 어떤 손이기를 원하는지 생각한 후 그리기 재료로 채색한다.

④ ③의 손이 있는 장소를 떠올리고 손의 배경을 그린다.

- 손이 어디에 놓여 있는가?
- 손을 들고 있는가?
- 손이 향한 곳은?

⑤ 주변에 말풍선을 그려서 그 안에 손이 하고 싶은 메시지를 적는다.

⑥ 긍정적인 면에 초점을 두고 피드백을 나눈다.

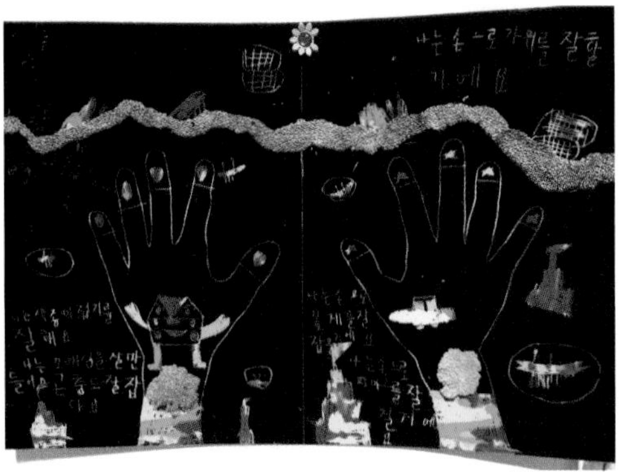

6) 치료사의 유의점

- 내담자가 자신의 손 역할에 대해 좀 더 다양한 측면에서 생각할 수 있는 기회를 갖게 한다.
- 자존감이 낮거나 위축된 내담자의 경우 자신의 손 역할에 대해 제한된 사고를 가질 수 있다. 따라서 긍정적인 측면을 표현할 수 있도록 치료사가 돕는 것이 좋다.

7) 변형 기법

집단 프로그램에서는 집단원의 본뜬 손을 큰 전지에 붙여 집단의 관계 증진과 역동성을 유도한다.

- 본뜬 손을 가위로 오린 후 전지 위 집단원이 원하는 위치에 자유롭게 붙인 후, 손의 배경을 협력하여 꾸민다.
- 벽에 전시한 후, 각자의 손에 멋진 이름을 지어 주고 이름표를 붙여 본다.

2. 나의 나무

1) 준비물

4절 켄트지, 색연필, 사인펜, 크레파스, 물감, 꾸미기 재료(유·아동의 경우 반제품으로 나온 나무 모형을 이용할 수 있다)

2) 적용 대상 및 유형

유·아동, 청소년, 성인 / 개인, 집단

3) 적용 시기

중기

4) 목표

은유적인 자아상을 통해 자신을 탐색하고 인식할 수 있도록 돕는다.

5) 작업 과정

① '만약 내가 나무라면?'을 주제로 제시하고, 나무를 연상할 수 있도록 돕는다.

- 만약 내가 세상에 단 하나뿐인 나무라면 어떤 나무일까?
- 세상에 단 하나뿐인 나의 나무는 어떤 모양일까?
- 어떤 색을 가진 나무일까?
- 나무가 사는 곳은 어떤 곳일까?
- 나무 주변을 둘러싼 모습은 어떠한가?

② 4절지에 자신이 연상한 나무를 다양한 재료로 자유롭게 표현한다.

③ 먼저 나무를 표현하게 한 후, 주변 배경을 묘사하게 한다(평면작업의 경우 배경을 그려보게 하고, 입체작업의 경우에는 나무가 서 있는 장소의 땅 또는 배경을 입체적으로 표현할 수 있도록 한다).

④ 완성 후, 나무에 대해 이야기를 나눈다(어떤 나무인지, 어디에 사는지, 주변은 어떤지, 소망은 무엇인지에 대해 이야기하고, 느끼는 감정이나 소감을 나눈다).

⑤ 작품의 제목을 정하고 나무의 기분이나 생각과 연관 지어 내담자의 사고와 감정을 나눈다.

6) 치료사의 유의점

- 나무를 표현하는 데 있어 표현력이 미숙하거나 사고가 경직되어 있는 경우, 정형화된 나무의 모습으로 표현하기 쉽다. 제품의 나무 모형을 제시할 수 있으며, 평면작업뿐만 아니라 입체작업으로도 표현할 수 있다. 완성 후, 나무에 대해 느끼는 감정과 사고에 대해 좀 더 확장해서 표현할 수 있도록 촉진을 돕는다.
- 나무를 떠올리기 힘들어하는 내담자에게는 잠시 눈을 감고 나무를 상상할 수 있도록 심상작업을 활용한다.
- 내담자 특성에 따라 종이의 크기를 다르게 제시할 수 있다.

3. 자소상 꾸미기

1) 준비물

다양한 점토, 점토도구, 우드락, 다양한 꾸미기 재료

2) 적용 대상 및 유형

유 · 아동, 청소년, 성인, 노인 / 개인, 집단

3) 적용 시기

중기, 종결기

4) 목표

자신의 이미지를 떠올려 인식해 봄으로써 자아개념 확립에 도움이 된다.

5) 작업 과정

① 자소상을 만들 점토와 자소상을 올려놓을 우드락의 색상을 선택한다.

② 점토로 자신의 얼굴을 만들어 우드락에 올리고, 다양한 꾸미기 재료로 자신의 얼굴을 꾸민다.

③ 완성된 얼굴을 보고 제목을 붙여 본다(예: ○○○ 얼굴 또는 ○○○한 나).

④ 치료사는 ③을 가능한 한 객관적으로 바라보게 하며 '이 얼굴이 어떻게 보이는지' '느낌과 분위기가 어떠한지' '무슨 생각을 하고 있는지' '표정이 어떠한지'에 대한 이야기를 나눈다.

6) 치료사의 유의점

자존감이 매우 낮거나 자기 부정감이 크거나 심리적 위축이 심한 내담자는 자신의 얼굴 만들기를 거부할 수 있다. 그럴 때에는 자신을 상징하는 이미지, 즉 자신을 닮은 동물, 사물, 자연 등으로 표현하게 한다.

4. 자화상 그리기

1) 준비물

스크래치 종이, 뾰족한 막대, 다양한 색상지(4절), 컬러링 재료, 가위, 풀

2) 적용 대상 및 유형

유 · 아동 / 개인, 집단

3) 적용 시기

초기, 중기

4) 목표

자신의 이미지를 떠올려 인식해 봄으로써 자아개념 확립에 도움이 된다.

5) 작업 과정

① 스크래치 종이에 자신의 얼굴 이미지를 스케치하고 바탕색이 나타나도록 부분부분을 긁어낸다.

② 완성이 되면 얼굴을 오린다.

③ 마음에 드는 색상지를 선택하여 자신의 얼굴을 붙일 배경을 그리고 꾸민 후 가위로 오려 낸다.

④ ②를 ③에 배치하고 완성시킨다.

⑤ 완성된 자신의 모습을 보고 제목을 붙여 본다. (예: ○○○한 나) 치료사는 가능한 한 객관적으로 바라보게 하며 '이 모습이 어떻게 보이는지' '느낌과 분위기가 어떠한지' '무슨 생각을 하고 있는지' '무엇을 하고 있는지' '무엇을 하고 싶은지'에 대한 이야기를 나눈다.

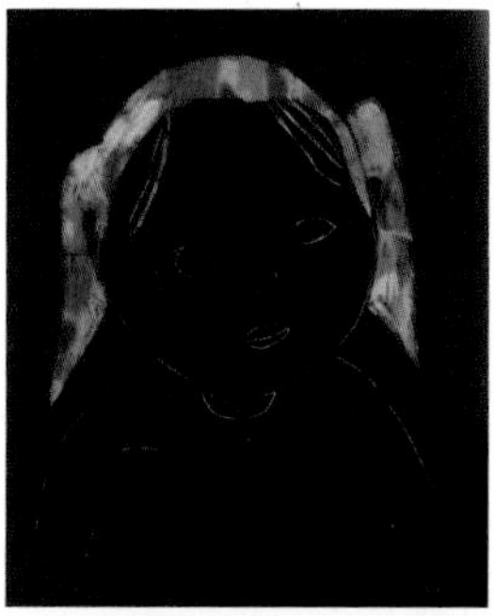

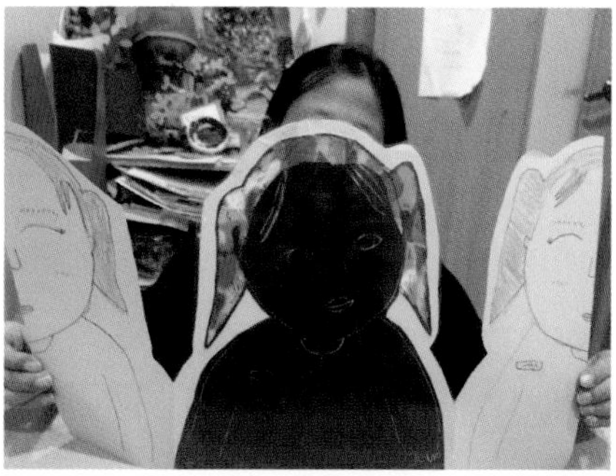

6) 치료자의 유의점

자존감이 매우 낮거나 자기 부정감이 크거나 심리적 위축이 심한 내담자는 자신의 얼굴 그리기를 거부할 것이다. 그럴 때에는 자신을 상징하는 이미지로 표현할 수 있도록 유도한다.

7) 변형 기법

- 플라스틱 접시 자화상: 플라스틱 접시에 유성매직으로 자화상을 그린다.
- 캔버스 자화상: 캔버스 천에 유성매직과 아크릴물감으로 자화상을 그린다.

5. 가면

1) 준비물

다양한 형태의 가면, 아크릴물감, 붓, 팔레트, 매직

2) 적용 대상 및 유형

유 · 아동, 청소년, 성인 / 개인, 집단

3) 적용 시기

초기, 중기

4) 목표

내면의 다양한 자아욕구와 자아개념을 이해하고 이중적인 이미지나 양가감정 등을 탐색하고 통합할 수 있다.

5) 작업 과정

① 다양한 형태의 가면들 중 자신의 마음에 와 닿는 가면 하나를 고른다.

② 아크릴물감이나 매직을 이용하여 자신이 꾸며 주고 싶은 얼굴, 원하는 얼굴로 꾸민다.

③ 채색된 가면을 여러 가지 꾸미기 재료로 꾸민다.

④ 완성된 가면을 쓰고 개인치료에서는 치료사와, 집단치료에서는 집단원 간 역할놀이를 할 수 있다.

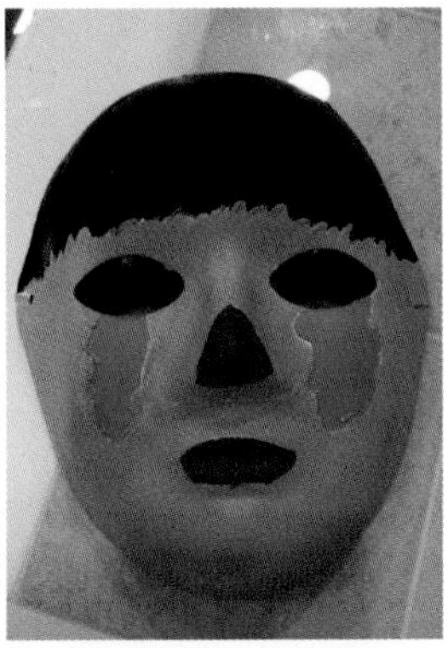

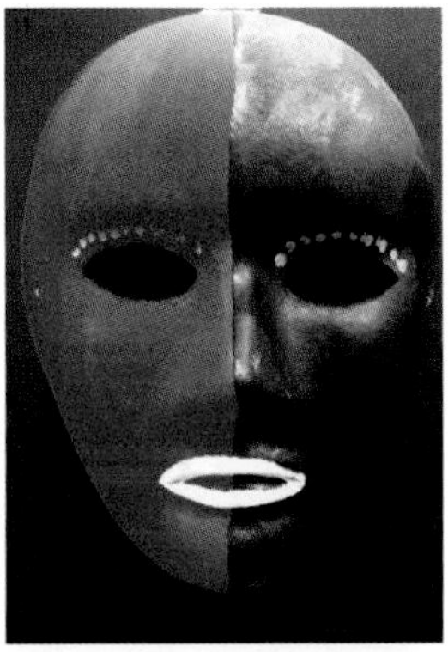

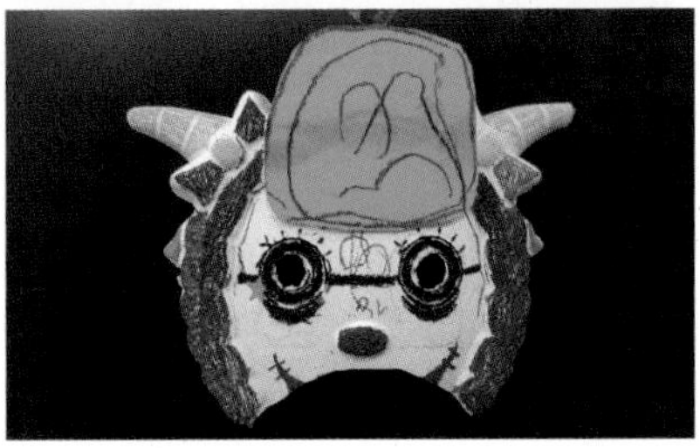

6) 치료사의 유의점

- 아크릴물감으로 가면을 색칠할 때 물을 사용하지 않는 것이 좋다. 마른 후 선명한 색상과 함께 광택이 나서 완성도가 높아 보인다.
- 아크릴물감이 완전히 마른 후 꾸미기 재료를 사용하도록 한다.

7) 변형 기법

- 나의 양면성: 사람 얼굴 가면을 반으로 나누어 좌측에는 자신이 좋아하는 얼굴(자신이 보는 얼굴)로, 우측에는 자신이 싫어하는 얼굴(남이 보는 얼굴)로 그린다.
- 아세테이트지 가면: 치료사와 내담자끼리 또는 집단 속 짝꿍끼리 상대방의 얼굴에 아세테이트지를 대고 유성매직으로 눈, 코, 입의 특징을 그려 준다. 털실과 스티커 등을 활용하면 완성도가 높아지고, 활동에 대한 흥미유발과 역동성에 도움이 된다.

6. 나는 ○○이다

1) 준비물

찰흙이나 아이클레이, 두꺼운 켄트지, 찰흙도구, 사인펜

2) 적용 대상 및 유형:

아동, 청소년, 성인, 노인 / 개인, 집단

3) 적용 시기

중기, 종결기

4) 목표

자소상을 통해 객관적 자아인식과 내면의 구조화를 갖는다.

5) 작업 과정

① 찰흙으로 자신의 얼굴을 만든다.

② 만든 자소상을 두꺼운 켄트지 위에 올린다.

③ 자소상 우측에 치료사는 '나는 ______이다' '나는 ______였다' '나는 ______한다' '나는 ______했다' '나는 ______할 것이다'를 적어 주고 내담자가 자신이 만든 자소상을 바라보며 칸 안에 내용을 채워 나가게 한다.

④ ③의 내용에 대해 이야기 나눈 후, 마지막으로 제목을 적어 넣게 하고 치료사는 그 내용에 대한 지지와 격려를 잊지 않는다.

6) 치료사의 유의점

자존감이 낮거나 자기 부정감이 크거나 심리적 억압과 위축이 심한 내담자는 자신의 상 만들기를 거부하거나 꺼릴 수 있다. 이때 굳이 인물상이 아니더라도 자신을 대신하거나 상징할 수 있는 형태를 만들어 진행할 수 있도록 유도한다.

7. 전신 본뜨기

1) 준비물

켄트지 전지, 유성매직, 크레파스, 물감, 붓, 팔레트, 가위, 투명 테이프, 색종이

2) 적용 대상 및 유형

유 · 아동, 청소년, 성인 / 개인, 집단

3) 적용 시기

중기, 종결기

4) 목표

신체적 자아탐색을 통해 자기인식을 돕는다.

5) 작업 과정

① 아동은 전지 1장, 청소년과 성인은 전지 1장 반을 연결한다.

② 전지 위에 누운 후 자신이 취하고 싶은 동작을 취하고 나서 치료사나 집단 파트너가 크레파스나 유성매직으로 신체를 본떠 준다.

③ 크레파스, 유성매직, 물감 등의 재료를 이용하여 자신의 신체를 꾸미는데 면적이 넓은 면은 물감으로 칠하거나 색종이로 붙여 꾸민다.

④ 완성된 신체상을 가위로 오린 후 준비된 벽면에 테이프로 직접 붙인다.

⑤ 집단원이 모두 붙이고 나면 자신의 그림 앞으로 가서 같은 동작으로 서고 포즈를 취한 후 사진도 찍으며 집단의 역동성을 이끌어 낸다.

6) 치료사의 유의점

- 치료사는 집단 구성원 중 친밀감을 필요로 하는 구성원을 유념하였다가 신체 본뜨기를 벽면에 붙일 때 서로의 그림을 나란히 붙이게 하여 두 사람의 친밀감을 유도한다.
- 신체 본뜨기 과정 중 색칠에 너무 얽매이지 않게 한다.

7) 변형 기법

- 말풍선 신체 본뜨기: 앞과 동일한 방법으로 켄트지 전지에 신체 본뜨기를 한 후, 신체 각 부위마다 말풍선을 달아 신체가 원하는 내용을 적는다.

  예) 머리(지금 나의 머리가 생각하고 있는 것은?), 눈(내가 보고 싶은 것은?), 귀(내가 듣고 싶은 것은?), 입(내가 하고 싶은 말은?), 동체(내가 아픈 곳은?), 오른손(내가 갖고 싶은 것은?), 왼손(내가 버리고 싶은 것은? 또는 내가 주고 싶은 것은?), 다리(내가 가고 싶은 곳은? 또는 내가 발로 차서 날려 버리고 싶은 것은?) 등으로 내담자 치료목표에 적합한 질문으로 내담자를 지지하고 격려한다.
- 내가 가장 아픈 곳: 그림을 그리기 전에 잠시 음악과 함께 명상을 한 후, 인물상 도안이 그려진 작은 도화지에 '현재 자신의 신체 중 통증이 오는 부위나 위치'에 그 느낌의 색을 선택하여 무엇이든 그림을 그리거나 글로 적어 본다.

8. 나의 생각주머니

1) 준비물

생각주머니 도안, 사인펜, 색연필

2) 적용 대상 및 유형

아동, 청소년, 성인, 노인 / 개인, 집단

3) 적용 시기

초기, 중기

4) 목표

최근 자신의 이슈와 문제를 찾고 인식하여 조화롭고 균형 잡힌 사고로 전환시킨다.

5) 작업 과정

① 최근 떠오르는 생각들을 크기순으로 생각주머니 칸에 적어 본다.

② 생각주머니의 생각 내용별로 가볍게 색을 칠한다.

③ 생각의 크기별 · 색깔별로 어떠한 차이와 이유가 있어 보이는지 이야기 나눈다.

④ 그림을 보고 현재의 자신에게 과도하게 흐르는 생각의 내용이 무엇인지, 부족한 생각은 없는지 등에 대해 이야기 나누고, 생각주머니 내용들을 긍정적인 생각, 부정적인 생각, 판단하기 어려운 생각 등으로 분류하여 적어 본다.

⑤ ④의 내용들이 왜 그렇게 생각되는지에 대해 이야기 나눈다.

⑥ 생각주머니 단어들을 이용하여 제목을 정하는데, 긍정적이고 발전적인 의미를 담아 문장으로 적는다.

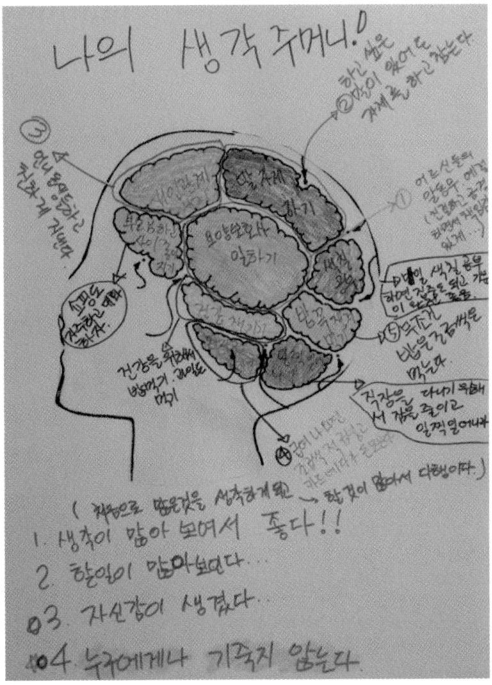

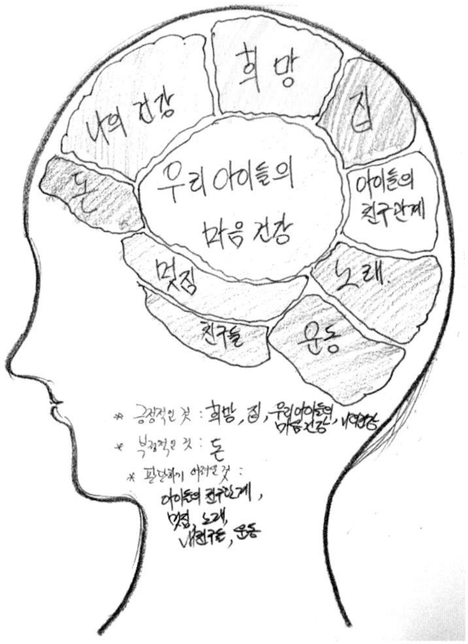

6) 치료사의 유의점

- 치료사는 내담자의 생각에 연상될 수 있는 말들은 자제한다.
- 대상별 · 유형별 특성과 인지능력에 유의한다.
- 내담자의 생각과 의지, 용기 등에 격려와 지지를 잊지 않는다.

9. 내 마음속의 동굴

1) 준비물

찰흙, 우드락(A4용지 크기), 찰흙도구, 이쑤시개, 자연물 재료 또는 스팽글, 마카로니, 구슬 등의 꾸미기 재료

2) 적용 대상 및 유형

아동, 청소년, 성인, 노인 / 개인, 집단

3) 적용 시기

중기, 종결기

4) 목표

외부와의 소통 방법을 인식하고 잠재되어 있는 내적 욕구를 이해한다.

5) 작업 과정

① 찰흙을 충분히 탐색하며 가지고 놀다가 약간만 남겨 놓고 납작하게 만든다.

② 왼손을 주먹 쥐고 우드락 위에 올린다.

③ ①의 흙을 왼손 등 위에 올리고 동굴 형태를 만든다(모래놀이에서 두꺼비집처럼).

④ 동굴 형태가 만들어지면 손을 빼고 자신이 생각하는 동굴로 꾸며 준다.

⑤ 찰흙도구나 이쑤시개를 이용하여 동굴의 대문과 창문을 만들고, 화단, 꽃, 연못, 수영장, 바다, 나무, 벤치, 가로등, 호수 등을 만들어 동굴 주변을 꾸며 준다.

⑥ 자연물 재료나 스팽글, 마카로니, 구슬 등 꾸미기 재료로 마무리한다.

6) 치료사의 유의점

- 치료사는 동굴의 형태와 모양이 한 가지 형태에 국한되지 않게 한다.
- 동굴의 대문과 창문의 형태, 크기, 모양에 의미는 있으나, 그것에 대해 해석하고 분석하는 것보다 전체적인 형태와 분위기, 동굴과 자신과의 관계에 대해 이야기를 듣는 것이 중요하다.

10. 은유적 나

1) 준비물

4절 켄트지, 다양한 잡지, 가위, 풀, 사인펜, 색연필

2) 적용 대상 및 유형

아동, 청소년, 성인, 노인 / 개인, 집단

3) 적용 시기

중기

4) 목표

은유적 자아상을 통해 내면의 욕구와 이상을 알고 자아를 통찰하는 계기를 갖는다.

5) 작업 과정

① 다양한 잡지 그림 중에서 자신을 대신하고 상징하는 사진 한 장을 선택하고 오린 후, 화지에 붙이고 제목을 적는다.

② 사진을 중심으로 선을 그어 그것이 '좋아하는 것' '싫어하는 것' '소중한 것' '버리고 싶은 것' '갖고 싶은 것' '소원하는 것' '행복해하는 것' 등에 대해 적어 본다.

③ ②의 내용들에 대해 그런 생각을 하게 된 이유나, 그렇게 될 것 같은 이유 등에 대해 이야기를 나눈다.

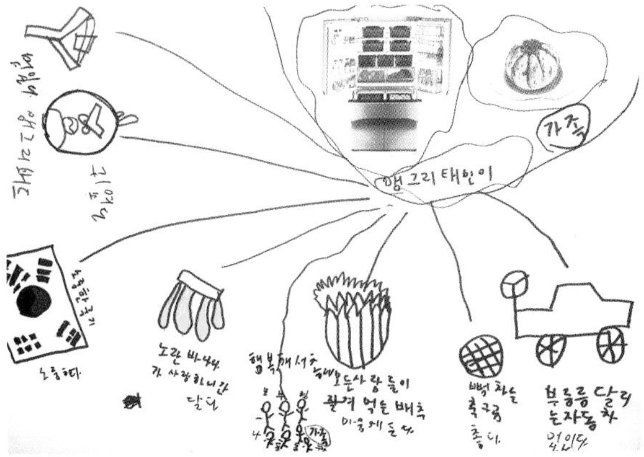

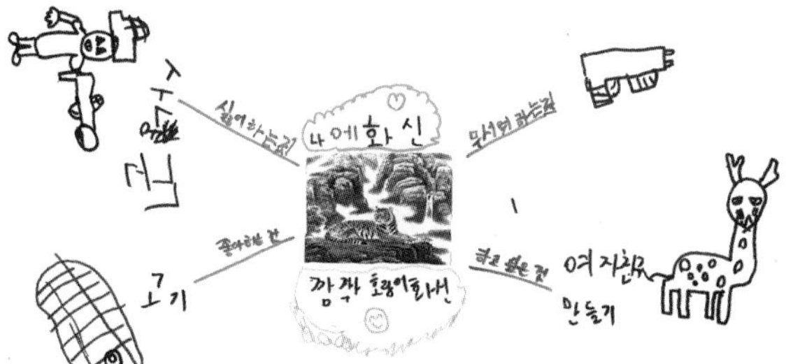

6) 치료사의 유의점

치료사는 내담자의 생각 하나하나에 관심과 지지, 격려를 잊지 않고, 내담자가 제시한 제목과 내용에 대해 다양한 측면에서 자신을 돌아볼 수 있는 사고의 전환을 갖게 한다.

11. 내 마음의 보석상자

1) 준비물

종이상자, 아크릴물감, 젯소, 팔레트, 붓, 사인펜, 빈 카드, 스티커, 보석, 글루건

2) 적용 대상 및 유형

아동, 청소년, 성인, 노인 / 개인, 집단

3) 적용 시기

중기

4) 목표

장점 찾기를 하고 장점을 넣을 보석 상자를 만듦으로써 긍정적 자아개념을 증진시킬 수 있다.

5) 작업 과정

① 사람들은 누구나 장점이 있으며, 그 장점은 자신을 빛나게 해 주는 보석과 같음을 이야기 나눈다.
② 여러 장의 빈 카드에 자신이 가지고 있는 보석들(자신이 가지고 있는 장점)을 적는다.
③ 자신의 보석들을 소개한다.
④ 종이상자 겉면에 아크릴물감으로 꾸며서 보석상자를 만든다. 이때 상자를 아크릴물감으로 채색한 후 다양한 보석을 붙이거나 스티커를 붙여서 완성도를 높인다.
⑤ 완성된 보석상자 안에 자신의 장점이 적힌 카드를 넣는다.
⑥ 보석상자를 소개하고 이야기 나눈다.

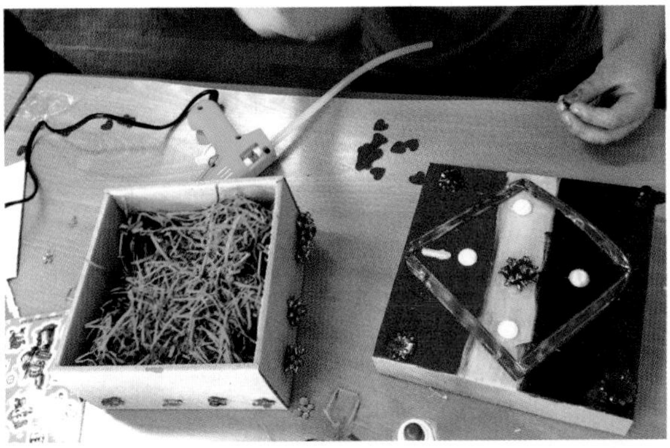

6) 치료사의 유의점

- 장점을 찾기 힘들어하는 내담자에게는 소소한 것도 장점으로 승화시킬 수 있도록 한다.
- 초벌작업으로 종이상자에 젯소를 바른 후 아크릴물감을 사용해야 아크릴물감의 색감이 살아난다.

12. 나의 길

1) 준비물

4절 켄트지(세로로 이등분), 다양한 색상의 털실, 사인펜, 색연필, 크레용, 우드락 본드, 가위

2) 적용 대상 및 유형

청소년, 성인, 노인 / 개인, 집단

3) 적용 시기

중기, 후기

4) 목표

시기별로 자기 자신을 돌아보고 현재의 자신을 인식하며 미래에 대한 자기 비전을 갖는다.

5) 작업 과정

① 세로로 이등분한 4절 켄트지를 청소년은 4등분, 성인과 노인은 6등분으로 아코디언 형태로 접는다.
② 다양한 색상의 털실 중 현재 자신의 마음에 와닿는 색상을 선택한다.
③ 시기를 단계별로 켄트지 칸마다 표기한다(시기는 출생 · 유아기, 아동기, 청소년기, 청년기, 현재, 미래로 구분하여 적을 수 있다).
④ 자신이 선택한 색상의 털실로 살아 온 인생의 길을 화지 위에 배치하고 본드로 고정시킨다.
⑤ 고정된 털실에서 연상되는 이미지나 기억 등을 그림으로 표현한다.
⑥ 자신의 작품을 소개하고 이야기 나눈다.

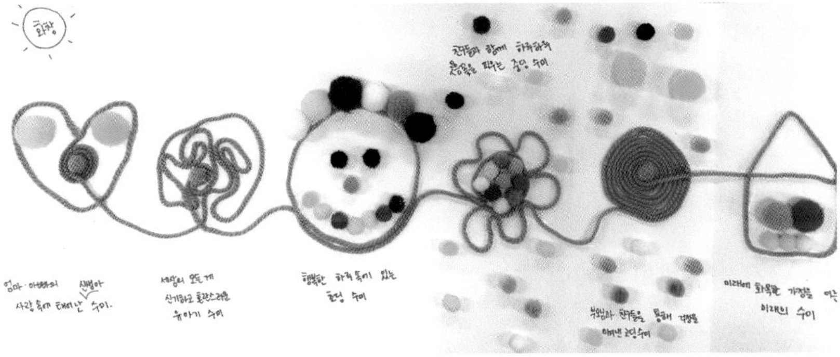

6) 치료사의 유의점

- 털실은 자신의 과거, 현재, 미래를 연결하는 선이므로 털실로 구성할 때, 끊기지 않도록 유의한다.
- 내담자가 과거와 현재를 인식할 수 있도록 돕고 긍정적인 미래 설계를 할 수 있도록 지지, 격려한다.
- 화지의 규격과 색상은 내담자의 욕구에 따라 자유롭게 할 수 있다.

7) 변형 기법

앞과 같은 형식으로 접은 화지에 은유적 자아인 나무를 성장하는 모습으로 단계별로 표현하여 자아를 인식하고 통찰하게 도울 수 있다.

13. 두 개의 방

1) 준비물

4절(8절) 켄트지, 크레파스, 색연필, 사인펜, 파스텔, 조용한 음악

2) 적용 대상 및 유형

청소년, 성인, 노인 / 개인, 집단

3) 적용 시기

중기

4) 목표

내면의 양극성을 표현하여 자아를 통합한다.

5) 작업 과정

① 내담자는 눈을 감고 명상 음악과 함께 호흡으로 이완하며 다음과 같이 치료사의 안내에 따른다.

"당신은 천천히 길을 걷고 있습니다. …… 내 눈앞에 두 개의 문이 보이는군요. 이 문을 열면 한쪽은 밝은 방이고 다른 한쪽은 어두운 방입니다. 당신은 어떤 문을 먼저 열 것인지 잠시 생각합니다. 당신은 어떤 방을 먼저 들어갈 건가요? …… 방문을 열고 들어갑니다. 방 안을 둘러봅니다. 당신의 눈에 무엇이 보이나요? 당신은 잠시 그 방에 머물러 봅니다. …… 자, 이제 그 방을 떠날 시간이 되었군요. 당신은 그 방을 나와 다른 방의 문을 열고 들어갑니다. 무엇이 보이나요? 무엇이 느껴지나요? 그 방의 분위기를 충분히 느껴 보세요. …… 이제 당신은 그 방에서 나와 걸어왔던 길을 되돌아 나옵니다. 자, 이제 눈을 뜨세요. 현실로 돌아왔습니다."

② 화지에 자신이 머물렀던 두 개의 방을 표현한다.

③ 밝은 방과 어두운 방에 대한 모습과 느낌에 대해 이야기 나눈다.

④ 각 방에 대한 느낌을 단어로 적어 보고, 그 단어를 이용하여 문장을 적는다.

⑤ 각 방의 문장 내용에 대해 충분히 이야기 나눈다.

⑥ ⑤의 내용을 합쳐 하나의 통합된 문장으로 만들고 작품의 제목을 정한 후, 화지의 중앙에 적어 본다.

6) 치료사의 유의점

- 치료사는 나지막하고 부드러운 목소리로 천천히 말하는 것이 좋다.
- 명상은 신체이완을 충분히 한 후 시작하며, 내담자가 상상할 수 있는 시간이 필요하므로 천천히 진행한다.
- 그림표현을 어려워하는 내담자에게는 잡지를 이용하여 콜라주로 표현하게 할 수 있다.

7) 변형 기법

- 그리기를 어려워하는 내담자에게는 잡지를 이용하여 콜라주로 표현하게 할 수 있다.
- 하나의 상자를 좌우로 나눈 뒤, 두 개의 방을 각각에 꾸미도록 하며 상자의 중앙에 통합된 제목을 적도록 한다.

14. 마음 그릇

1) 준비물

점토(지점토), 우드락, 자연물(돌멩이, 솔방울, 나뭇가지 등), 꾸미기 재료, 수채화 도구

2) 적용 대상 및 유형

유 · 아동, 청소년, 성인 / 개인, 집단

3) 적용 시기

중기

4) 목표

은유적인 자아상을 통해 자신을 탐색하고 인식할 수 있도록 돕는다.

5) 작업 과정

① 내 마음을 담는 그릇의 모양과 크기를 떠올리게 한다.

② 내 마음을 담을 수 있는 그릇을 점토로 만든다.

③ ②의 그릇을 원하는 색으로 칠하고 꾸미기 재료로 꾸민다.

④ 그릇을 올려놓기에 적절한 크기의 우드락 위에 ③을 올린다.

⑤ 그릇에 담고 싶은 것들에 대해 이야기한다.

⑥ 담고 싶은 마음을 점토나 자연물을 이용하여 만들고 그릇에 담는다.

⑦ 그릇에 이름을 붙여 주고, 그릇에 담길 내 마음의 상태와 느낌을 나눈다.

6) 치료사의 유의점

- 어린 연령의 유아는 그릇을 만드는 것을 어려워할 수 있으므로 치료사가 그릇을 만드는 다양한 방법을 시연하는 것이 좋다.
- 방어적인 청소년이나 성인의 경우, 매우 단순한 형태와 방법으로 그릇을 만들 수 있다. 이럴 경우 내담자의 사고에 초점을 두고 꾸미기 재료 등으로 자신을 마음을 표현하여 확장할 수 있도록 돕는다.

15. 내 안의 우주

1) 준비물

검은색 종이접시(두께감이 있는 검은색 원형 판), 목공 본드, 꾸미기 재료, 명상 음악

2) 적용 대상 및 유형

청소년, 성인 / 개인, 집단

3) 적용 시기

중기

4) 목표

심리적 이완 경험 및 내면의 역동을 탐색하고 통찰하는 기회를 제공할 수 있다.

5) 작업 과정

① 눈을 감고 조용한 명상 음악을 들으며 긴장을 이완한다.

② 눈을 뜨고 검은색 종이접시에 자유롭게 꾸미기 재료로 꾸미도록 한다.

③ 완성된 작품을 바라보며 연상되는 것에 대해 이야기 나눈다.

- 무엇이 느껴지나요?
- 무엇이 보이나요?
- 어떤 생각이 드나요?
- 무엇이 떠오르나요?
- 어느 부분이 마음에 들고 어느 부분이 마음에 들지 않나요?
- 내가 만약 여기에 있다면 나는 어디에 있나요?
- 여기에 무엇이 더 필요할까요?
- 어떤 경험이 떠오르나요?

• 어떤 감정이 느껴지나요?

6) 치료사의 유의점

• 이 작업은 어느 정도의 인지적 사고 수준과 자기통찰력을 필요로 한다.
• 꾸미기 재료는 다양할수록 좋다.

16. 바닷속 나는?

1) 준비물

4절 켄트지, 물감, 4B연필, 지우개 등

2) 적용 대상 및 유형

유·아동, 청소년, 성인 / 개인, 집단

3) 적용 시기

중기

4) 목표

자신의 내면을 좀 더 깊이 있게 통찰하고 앞으로의 방향성을 모색해 볼 수 있다.

5) 작업 과정

① 바닷속 모습을 상상한 후, 연필로 스케치하고 물감으로 채색한다.

② 완성된 작품을 바라보며, 바닷속에 있는 다양한 존재들 중 자신이 어디에 있는지 찾아보게 한다.

③ 바닷속의 나는 어떤지 이야기 나눈다.

- 무엇을 하고 있는지?
- 어디로 가고 있는지?
- 혼자 가고 있는지? 누구와 함께 가고 있는지?
- 기분은 어떠한지?
- 앞으로 어떻게 되고 싶은지?
- 그렇게 되기 위해서 필요한 것은 무엇인지?

④ 바닷속의 주변 상황에 대해서도 이야기 나눈다.

⑤ 제목을 정하고, 작업 과정을 통해 지각된 점들에 대해 이야기 나눈다.

6) 치료사의 유의점

유 · 아동의 경우 자신을 통찰하기 어려울 수 있지만 치료사가 그림을 통해 은유적 대화를 나눔으로써 아이의 심리와 주변 상황을 탐색할 수 있다.

17. 바닷속 여행

1) 준비물

켄트지(4절지, 8절지), 물감, 색연필, 사인펜, 파스텔

2) 적용 대상 및 유형

아동, 청소년, 성인 / 개인, 집단

3) 적용 시기

초기, 중기

4) 목표

무의식의 상징인 바다를 통해 자신이 두려워하는 것과 도전하고 모험하고자 하는 자신을 발견할 수 있다.

5) 작업 과정

① 눈을 감고 호흡을 하며 이완하고 상상할 수 있도록 한다.

"내가 지금 백사장 위에 서 있다고 상상해 보세요. 내 앞에 넓은 바다가 펼쳐져 있습니다. 한 걸음씩 바다로 다가가 보세요. 나는 물고기로 변하여 바닷속 깊은 곳으로 여행을 떠날 거예요. 자, 깊이 들어가셨나요? 물은 차갑나요? 따뜻한가요? 주변은 밝게 보이나요? 어둡나요? 주변에는 어떤 것들이 보이나요? 물고기로 변한 자신을 바라보세요. 자신은 어떻게 생긴 물고기인가요? 물고기 한 마리가 나에게 다가옵니다. 그 물고기가 나에게 말을 건넵니다. 나는 지금 그 물고기와 대화를 나눕니다. …… 이제 그 물고기는 나에게서 멀어집니다. 그리고 나는 주변을 살피며 물 위로 올라올 준비를 합니다. 자, 눈을 뜨셔도 좋습니다."

② 화지에 상상했던 자신의 물고기와 자신이 만난 물고기, 바닷속 풍경을 그리도록 한다.

③ 자신의 물고기와 자신이 만난 물고기, 바닷속 풍경에 대해 이야기 나눈다.

6) 치료사의 유의점

- 명상은 충분히 이완된 상태에서 시작하도록 하며 내담자가 상상할 수 있는 시간이 필요하므로 한 가지 질문에 5초 정도의 시간을 주며 천천히 진행한다.
- 그림 연상 작업을 통해 현재 자신이 직면하고 있는 상황과 연관성을 찾아, 힘이 있는 자아를 발견할 수 있도록 돕는다.

7) 변형 기법

동굴 속에 들어가 탐색하고 다른 세계로 통과하는 문을 열고 나가 새로운 세계를 경험하고 연상하는 그림을 그린다.

18. 나의 안식처

1) 준비물

점토, 자연물(나뭇잎, 나뭇가지, 돌멩이), 우드락, 편지지, 펜, 꾸미기 재료

2) 적용 대상 및 유형

청소년, 성인, 노인 / 개인, 집단

3) 적용 시기

중기, 종결기

4) 목표

자신의 인생을 돌아보며 삶의 의미에 대한 생각을 정리한다.

5) 작업 과정

① 자신이 시한부 선고를 받고 죽음이 얼마 남지 않았다는 상상을 하도록 한다.

② 그동안 자신이 살아온 삶과 남은 시간을 어떻게 정리하고 싶은지 이야기 나눈다.

③ 우드락 위에 점토와 자연물을 이용하여 자신이 쉬고 싶은 안식처를 만든다.

④ 자신의 소감과 작품에 대해 이야기 나눈다.

⑤ 편지지에 유언장을 쓰고 죽음에 대한 여러 의미에 대해 이야기 나눈다.

⑥ 내가 다시 태어난다면 무엇으로 태어나고 싶은지 이야기 나눈다.

6) 치료사의 유의점

죽음은 마지막이기도 하지만 또 다른 시작이라는 의미로 다루어질 수 있다.

7) 변형 기법

- 후손(자녀)에게 남기고 싶은 유산을 주제로 글이나 그림을 표현할 수 있다.
- 소망하는 다음 세상(사후세계)을 주제로 하여 점토로 표현할 수 있다.

19. 엄마 배 속에서

1) 준비물

8절 켄트지, 파스텔, 사인펜, 색연필, 물감, 붓, 팔레트, 잔잔한 피아노 음악

2) 적용 대상 및 유형

유아 · 아동, 청소년 / 개인, 집단

3) 적용 시기

중기

4) 목표

애착경험과 자아개념을 탐색하고 자아를 향상한다.

5) 작업 과정

① 잔잔한 피아노 음악을 들으며 눈을 감고 엄마 배 속에 들어 있는 아기의 모습을 상상하게 한다.

"나는 아주 작은 아기입니다. 지금 엄마의 배 속에 편안하게 누워 있습니다. 엄마의 배 속은 따뜻한 양수로 채워져 있습니다. 그 속에서 나는 움직일 수도 생각할 수도 있는 아기랍니다. 엄마의 심장소리가 콩캉콩캉…… 들리네요. 바깥에서 소리가 들립니다. 엄마가 나를 위해 들려주는 음악소리인가? 아빠의 목소리인가? 톡톡톡…… 나를 부르는 소리. 나는 아주 작은 아기입니다."

② 눈을 뜨고 엄마 배 속에서 느꼈던 것을 그림으로 표현하게 한다.

③ 그림에 대한 이야기를 나눈다.

- 나는 엄마 배 속에서 어떤 기분인가요?
- 나는 무엇을 하고 있나요?

• 무슨 소리가 들리나요?
• 엄마와 아빠는 무엇을 하고 있나요?
• 밖에서는 어떤 일이 일어나고 있나요?
• 엄마가 나에게 어떻게 해 주면 좋을까요?

④ 부드러운 음악에 맞춰 양손으로 자신의 어깨를 감싸고 좌우로 움직이며 엄마의 사랑을 느낀다.

6) 치료사의 유의점

명상시간에는 조명이 어두운 것이 도움이 되며, 내레이션을 할 때 나지막하고 부드러운 목소리로 천천히 말하는 것이 좋다.

20. 나를 말해 봐!

1) 준비물

정육면체 상자, 색연필, 사인펜, 크레용, 8절 켄트지, 색 단추(말)

2) 적용 대상 및 유형

유 · 아동, 청소년 / 개인, 집단

3) 적용 시기

초기, 중기

4) 목표

자신과 집단원의 다양한 욕구에 대해 이해하고 친밀감을 향상시킨다.

5) 작업 과정

① 8절 켄트지에 말이 달릴 수 있는 칸을 그리고 칸 안에 '두 칸 뒤로' '두 칸 앞으로' '일등과 자리 바꾸기' 등의 제시어를 적는다.

② 집단원이 함께 색칠하고 꾸미도록 한다.

③ 집단원이 자신을 표현할 수 있는 6가지의 질문을 선정하도록 한다.

- 내가 갖고 싶은 것?
- 내가 가고 싶은 곳?
- 내가 하고 싶은 것?
- 내가 좋아하는 사람은?
- 내가 먹고 싶은 것?
- 지금 나의 기분은?
- 나에게 5천 원이 생긴다면?

④ 정육면체에 질문과 함께 1부터 6까지의 숫자를 적는다.
⑤ 게임을 시작한다. 주사위를 굴려 나온 질문에 답을 한 후 자신의 말(단추)을 주사위의 숫자만큼 움직인다.
⑥ 도착지점까지 먼저 도착한 사람이 승리한다.

6) 치료사의 유의점

- 집단원의 연령과 인지수준에 따라 질문의 가이드라인을 제시하는 것도 좋다. 또는 치료사가 미리 준비한 질문 20여 가지를 제시하고 집단원이 6가지를 선택하게 할 수 있다.
- 이기는 것에 너무 집중하는 것보다 자신에 대해 진솔하게 말하는 분위기를 형성하는 것이 중요하다.

21. 새의 모험

1) 준비물

8절 켄트지, 전지 또는 2절 켄트지, 다양한 종류의 새 도안, 색연필, 파스텔, 물감, 붓, 팔레트, 가위, 풀

2) 적용 대상 및 유형

가족 / 집단

3) 적용 시기

초기, 중기, 종결기

4) 목표

관계 속에서의 자신을 인식하고 갈등과 위기 상황에서의 대처기술과 문제해결 능력을 키운다.

5) 작업 과정

① 눈을 감고 호흡으로 이완시킨 후, 새가 되어 날아가는 상상을 한다.
날아가면서 눈앞에 펼쳐진 풍경과 바람을 충분히 느끼고, 강한 비바람과 같이 자신을 위협하는 상황을 떠올려 보며 어떻게 해결해 나가는지 상상하도록 한다. 어떻게 날고 싶은지, 어디로 가고 싶은지, 그곳에서 무엇을 하고 싶은지 떠올린다.

② 원하는 새 도안을 선택하여 채색하고 오린다.

③ 벽에 붙인 전지에 풍경을 그리고 자신의 새를 원하는 위치에 붙인다.

④ 자신의 새와 그 주변 상황, 위기 상황에서의 해결 방법 등에 대해 이야기 나눈다.

6) 치료사의 유의점

- 자신의 새가 지닌 강점을 찾을 수 있도록 도와주며 지지할 수 있다.
- 개인치료에서 새의 바탕이 되는 화지는 내담자가 크기와 색을 선택하도록 한다.
- 집단 구성원의 수와 새 도안의 크기를 고려하여 전지 또는 2절 켄트지를 사용할 수 있다.

7) 변형 기법

개인치료에서는 켄트지에 새 도안을 붙이고 난 후 주변 상황을 그려 보게 한다. 켄트지의 크기는 내담자가 선택하도록 한다.

22. 우리 가족

1) 준비물

다양한 동물 도안, 8절 켄트지, 사인펜, 색연필, 가위, 풀

2) 적용 대상 및 유형

유 · 아동, 청소년, 성인, 노인 / 개인, 집단

3) 적용 시기

중기

4) 목표

간접적인 방법으로 가족 구성원의 특성을 이해하고 가족 구성원과의 역동성에서 발생하는 문제를 인식하고 해결한다.

5) 작업 과정

① 가족 구성원의 특성과 닮은 동물 도안을 선택하고 채색하여 오린다.

② ①을 화지에 배치하고 붙인다.

③ 배경을 그리고 색칠한다.

④ 동물의 특성과 성격에 대해 이야기를 나눈다.

- 자신을 중심으로 가족 간의 거리, 크기, 위치, 색깔, 역할 등에 대해 이야기한다.
- 자신이 가족에게 하고 싶은 말, 원하는 것 등에 대해 대화를 나눈다.

6) 치료사의 유의점

- 동물가족화의 바탕이 되는 화지는 내담자가 크기와 색을 선택하도록 한다.
- 가족의 띠로 선택하는 것을 지양하도록 하고, 가족의 성격과 동물이 가진 특성을 연관지어 선택하도록 한다.

7) 변형 기법

동물 도안을 대신하여 과일 도안, 물고기 도안, 사물 도안을 활용할 수 있다.

23. 난화와 스토리텔링

1) 준비물

4절 켄트지, 크레파스

2) 적용 대상 및 유형

아동, 청소년, 성인, 노인 / 개인, 집단

3) 적용 시기

초기, 중기

4) 목표

무의식적 난화를 통해 신체적 · 심리적 이완을 하고 스토리텔링을 통해 무의식적 내용을 의식화하여 내면을 이해하는 계기가 된다.

5) 작업 과정

① 4절 켄트지에 크레파스 색상을 하나 선택하여 종이에 끼적거린다.

"여러분! 지금부터 자신이 2~3살 유아로 돌아간 기분으로 앞에 놓인 종이에 자유롭게 난화를 할 것입니다. 제가 'stop'이라고 말할 때까지 끼적거릴 것입니다. 단, 종이에 글씨나 어떠한 형태를 그려서는 안 됩니다. 준비! 시작!"

② 난화 속에 숨어 있는 형태를 4~5가지 정도 찾는다.

③ 찾은 단어를 뒷면 상단에 일렬로 적은 후 단어를 이용하여 스토리텔링을 한다.

④ 스토리텔링한 내용으로 이야기 나눈다.

〈상징해석〉
고추잠자리(남자친구), 나비(나), 깃발(불안한 현실), 장난감 칼(나의 혼란스러운 마음)

〈전체 해석〉
장거리 연애를 하고 있는 남자친구와 나 사이에서 자주 만나지 못하는 깃발(상황)에서 장난감 칼(내 안의 갈등)이 내용으로 나온 것 같다.

6) 치료사의 유의점

- 난화는 무의식적 표현이므로 단어와 스토리텔링에 대한 질문을 통해 상징적인 의미를 해석하고 찾아가며 내담자의 자기이해를 돕는 것이 중요하다.
- 치료사의 상징에 대해 성급한 해석이나 분석은 지양하도록 한다.
- 긴장감이 높은 내담자는 켄트지에 난화를 하기 전 워밍업이 필요하다.

  "여러분! 크레파스 잡은 손을 위로 올려 주세요. 천장이 바로 나의 종이입니다. 저 큰 종이에 제가 'stop'이라고 말할 때까지 낙서를 할 것입니다. 준비! 시작! 팔을 크게 움직여 옆으로~ 아래로~ 위로~ 크게! 작게! 자유롭게 끼적거리세요."
- 내담자의 성향과 유형에 따라 난화 종이의 크기를 달리할 수 있다.

7) 변형 기법

- 감정 난화: 잠시 음악과 함께 마음을 정리하는 명상을 한 후, 켄트지 두 장에 각각 '화나는 감정'과 '즐거운 감정'을 떠올리고 크레파스 색깔을 선택하여 난화를 한다. 각각 두 장의 난화를 보고 떠오르는 단어를 적어 스토리텔링을 한다.

24. 내 안에 매듭이 있어요

1) 준비물

8절 켄트지, 크레파스, 사인펜, 조용한 명상 음악

2) 적용 대상 및 유형

청소년, 성인 / 개인, 집단

3) 적용 시기

중기

4) 목표

억제되거나 억압되었던 마음 안의 응어리진 감정들을 표현함으로써 자기통찰을 촉진하고 카타르시스를 경험한다.

5) 작업 과정

① 우리 마음 안에는 여러 가지 형태의 매듭(상처)이 있음을 이야기 나눈다.

② 잠시 눈을 감고 각자 마음에 떠오르는 매듭에 대해 생각해 본다. 이때 조용한 명상 음악과 함께 내레이션(narration)을 들려준다.

마치 단단한 돌처럼 내 안 깊숙이 매듭이 있다.
상처 난 마음에…… 풀리지 않는 매듭.
그 매듭은 나를 아프게 한다.
헝클어진 마음 안에 단단하게 박혀 있는 돌덩이처럼…….
언제부턴가 내 안에 깊숙이 박힌 매듭이 있다.

③ 눈을 뜨고 각자 떠오르는 매듭을 그림으로 표현한다.

④ 제목을 짓고 느낌을 세 가지 적는다.

⑤ 표현된 것에 대해 이야기를 나누고 느낌을 나눈다.

6) 치료사의 유의점

내레이션은 내담자의 특성에 맞추어 변형해서 사용해야 한다.

25. 내가 생각하는 나와 타인이 생각하는 나

1) 준비물

4절 켄트지, 사인펜, 색연필

2) 적용 대상 및 유형

아동, 청소년, 성인 / 개인

3) 적용 시기

중기

4) 목표

무의식적 자기투사를 통해 의식적 자아개념을 확립한다.

5) 작업 과정

① 화지를 세로로 반을 접고 좌측면에 '자신이 생각하는 나'의 얼굴을 반쪽만 그린다.

② 화지의 우측 면에는 '타인이 생각하는 나'의 얼굴을 나머지 그려 넣는다.

③ 화지를 펼치고 '자신이 생각하는 나'의 얼굴과 '타인이 생각하는 나'의 얼굴의 차이점을 찾아본다.

④ ①과 ②의 여백에 각각의 얼굴을 보고 떠오르는 단어를 3~4개 정도 적고, 그 단어를 이용하여 문장을 만들어 본다.

⑤ 문장의 내용에 대해 이야기 나누고 다시 두 문장을 합하여 통합된 글을 만들어 본다.

⑥ 제목을 짓고 이야기 나눈다.

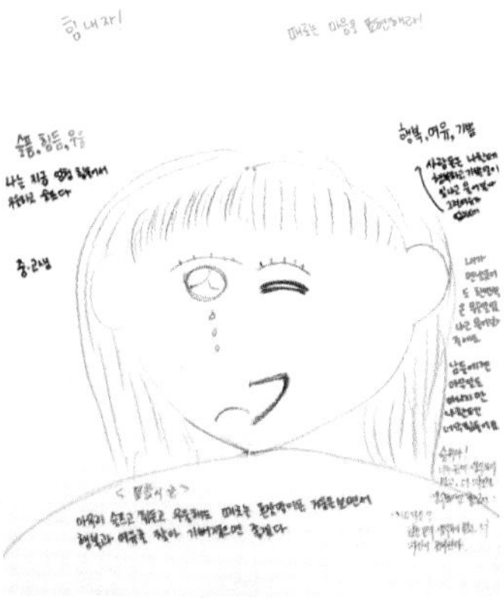

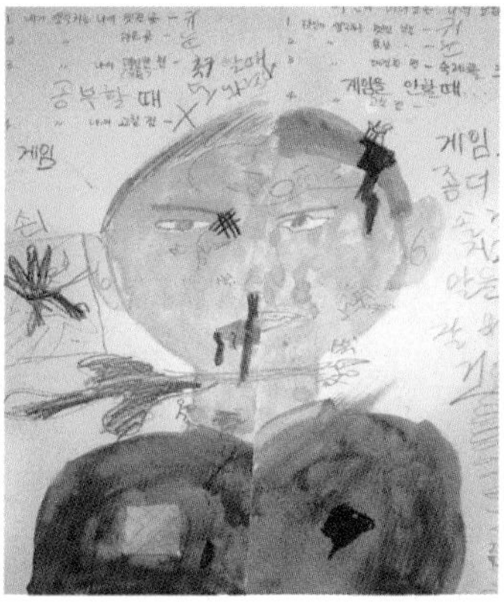

6) 치료사의 유의점

치료사와의 나누기에서 지지받은 긍정적 감정으로 인해, 통합문장에서는 내담자의 낮고 부정적이었던 자아개념과 자존감이 보다 향상될 수 있도록 유도한다.

7) 변형 기법

- 내가 생각하는 나와 타인이 생각하는 나/내적 인격과 외적 인격: 상자와 색종이, 잡지, 꾸미기 재료 등으로 상자의 안과 밖을 각각 내가 생각하는 나와 타인이 생각하는 나, 또는 내적 인격과 외적 인격으로 꾸미고 차이점에 대해 이야기 나눈다.

26. 무슨 색일까요?

1) 준비물

켄트지, 색연필, 사인펜

2) 적용 대상 및 유형

청소년, 성인, 노인 / 개인, 집단

3) 적용 시기

중기

4) 목표

이미지를 색으로 떠올려 인식해 봄으로써 자아개념 정립에 도움이 된다.

5) 작업 과정

① 색 대상 개수에 맞추어 화지를 6~8칸으로 나눈다.

② 칸 안에 각각 내담자 상황에 맞게 '여자의 색' '남자의 색' '엄마의 색' '아빠의 색' '자신의 색' '친구의 색' '딸의 색' '아들의 색' '관계의 색' '가족의 색' 등을 설정하고 떠오르는 이미지의 색을 칠한다.

③ 각 대상에 칠해진 색 이미지의 느낌에 대해 색 아래에 단어로 적어 본다.

④ 각 대상에 칠해진 색 이미지의 느낌에 대해 이야기를 나누고, ③의 단어를 이용하여 간단한 스토리텔링을 해 본다.

⑤ 이야기를 나눈다.

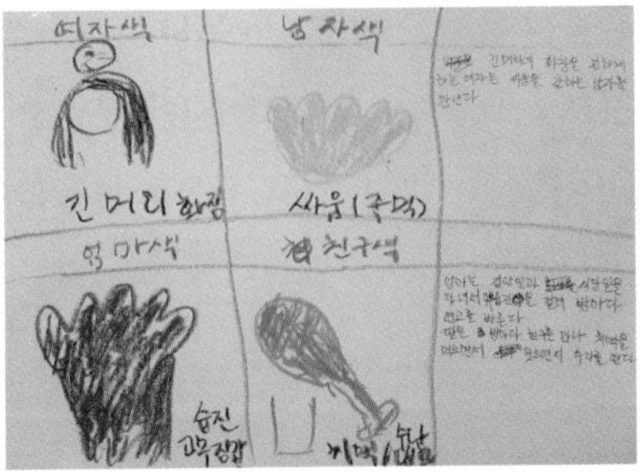

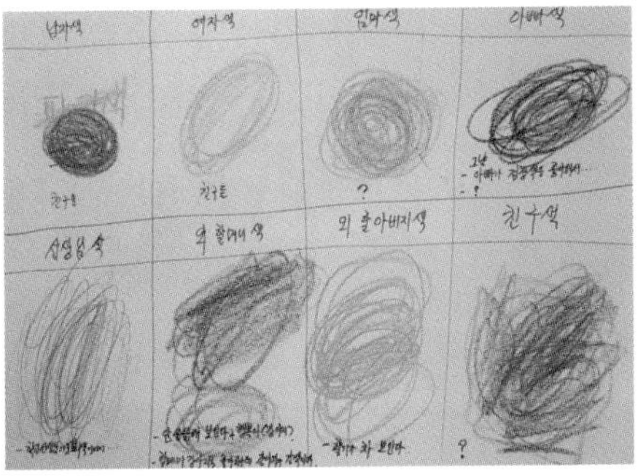

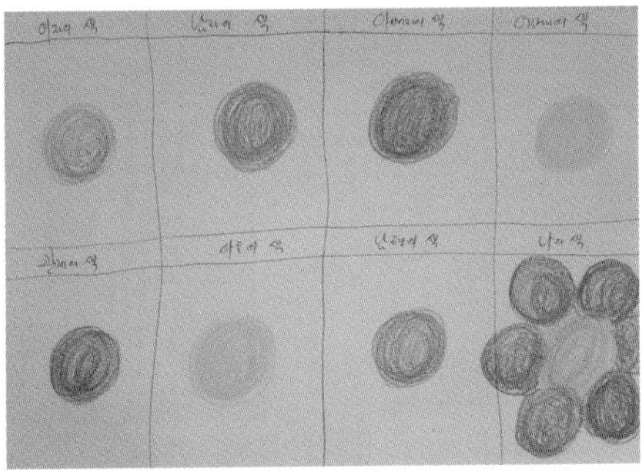

6) 치료사의 유의점

- 칸의 개수는 내담자의 상황과 특성에 알맞게 정한다.
- 집단으로 진행할 경우에는 색 대상 설정을 단순하게 하고, 동일한 색으로 칠해진 집단원끼리 만나 또 다른 과제로 확장 작업화할 수 있다.

27. 내 인생의 소중한 보물

1) 준비물

켄트지, 색연필, 사인펜, A4용지

2) 적용 대상 및 유형

청소년, 성인 / 개인, 집단

3) 적용 시기

초기, 중기

4) 목표

자신의 인생에서 소중한 것을 떠 올려 자아인식을 돕고 현실적응력을 갖는다.

5) 작업 과정

① 자신의 인생에서 가장 소중한 것들을 떠 올린다.

② A4용지를 8~10장으로 찢어 각각의 종이에 소중한 것을 적는다.

③ 소중한 것들에 대해 이야기 나누고, ②를 책상에 나열하여 놓는다.

④ 내담자는 눈을 감고 치료사는 다음과 같은 내레이션을 한다.

"우리는 크루즈호 같은 큰 배를 타고 태평양 바다 한가운데에 떠 있습니다. 그러나 지금 우리의 배가 풍랑을 만나 암초에 부딪쳐서 우리가 타고 있는 배가 전복되기 직전입니다. 선장은 다급히 외칩니다. '여러분! 지금 여러분이 지니고 있는 소중한 것들 중에서 세 가지를 바다로 던져 주시길 간곡히 부탁드립니다!'…… '그래도 배가 기울고 있습니다. 아직 자신이 지니고 있는 소중한 것 두 가지를 더 버려 주세요! …… 하나를 더 버려 주세요!'…… '이제 마지막으로 이 세상에서 절대 버릴 수 없는 한 가지만을 남겨 두시고 바다에 모두 던져 주세요!'"

"그리고 이제 눈을 뜨고 상상 이미지 중 가장 기억에 남는 한 장면을 앞에 놓인 화지에 그려 주세요."라고 말한다.

⑤ 그림의 내용과 함께, 마지막까지 버리지 않고 가지고 있는 소중한 것에 대해 이야기를 나누고, 순서대로 버린 것들에 대해서도 이야기를 나눈다.

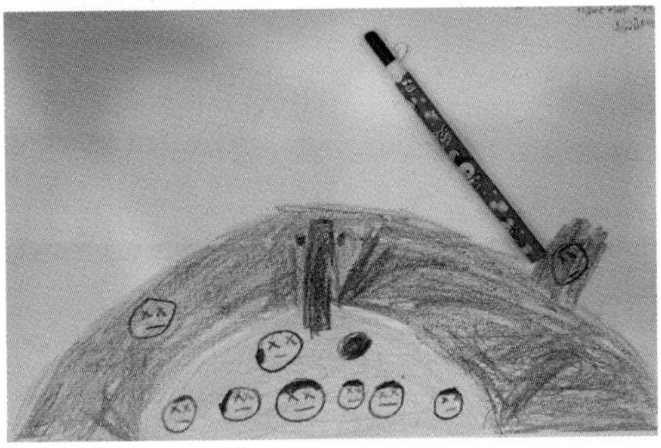

6) 치료사의 유의점

- 자신의 인생에서 소중한 것들에 대한 가치와 의미를 인식하게 한다.
- 풍랑이 그치고 배가 안전해져서 자신의 소중한 것들을 바다에서 모두 끌어올려 다시 소중한 것들을 갖게 된 장면을 그림으로 그려 보게 하거나 이야기해 본다.

제2장

자존감 향상

1. 재활용품 Thera Play

1) 준비물

다양한 재활용품(병, 캔, 페트병, 유리 용기, 뚜껑, 상자 등), 접착제(글루건, 목공 본드, 우드락 본드, 풀), 꾸미기 재료, 아크릴물감, 붓

2) 적용 대상 및 유형

유 · 아동, 청소년, 성인, 노인 / 개인, 집단

3) 적용 시기

중기, 종결기

4) 목표

잠재된 창의성을 유발시켜 내면의 심리적 갈등을 탐색하고 문제해결력을 높이는 과정에서 자존감이 향상된다.

5) 작업 과정

① 준비된 재활용품을 탐색하며 무엇을 만들고 싶은지 생각해 보고 이야기 나눈다(재활용품은 크기와 종류별로 분리해 놓으면 좋다).

② 재활용품을 연결하여 제작한다.

③ 아크릴물감으로 채색하거나 꾸미기를 한다.

④ 완성된 작품에 제목을 정하고 작품에 대해 이야기를 나눈다.

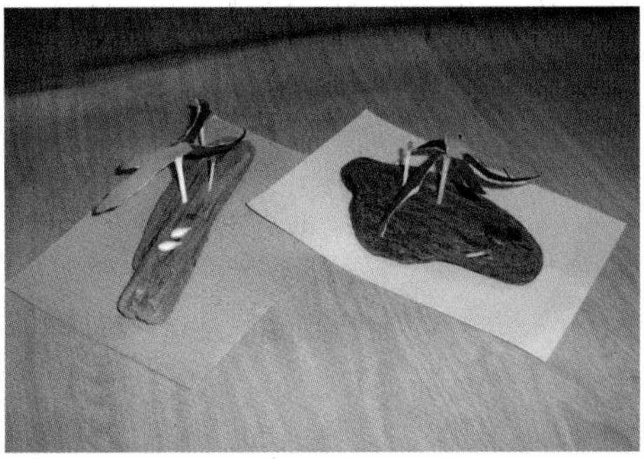

6) 치료사의 유의점

- 내담자가 선택하는 재료는 재질, 크기, 색상 등에 따라 상징성을 가질 수 있음을 유념하여 관찰한다.
- 재활용품 위생과 안전 상태에 따라 내담자의 작업동기 저하와 같은 기대효과에 부정적인 결과를 줄 수 있으므로 유의한다.
- 내담자가 인지능력이 낮거나 위축된 심리를 가지고 있을 때 치료사의 정서적 지지자로서의 역할이 중요하다.
- 치료사는 다양한 매체의 특성에 대해 이해하고 있어야 하며 기술적 보조자로서의 역할을 해야 한다.
- 재활용 매체와 주제에 나타난 내담자의 정서를 이해하고 반영하여야 하며, 자존감을 높여 주도록 한다.

7) 변형 기법

치료사가 주제를 정해 주고 폐품을 활용한 만들기를 진행하는 것도 좋다.

- 기운 센 로봇: 자아의 힘을 성장시킬 수 있는 대체물의 역할로 로봇을 등장시켜 만들기 작업을 할 수 있다.
- 청소기: 자신이 부정적으로 생각하고 있는 것을 소거시킬 수 있는 강력한 힘을 가진 대체물로서 만들기 작업을 통해 스트레스 해소에 도움이 된다.
- 분노 유발자: 부정적인 감정을 대체물로 투사시켜 억압된 분노 감정을 표출시킬 수 있다.

2. 자연재료 Thera Play

1) 준비물

씨앗류(호박씨, 감씨, 포도씨, 해바라기씨), 곡류(노란콩, 검은콩, 팥), 조개류(조개껍질, 소라), 식물류(말린 꽃, 풀), 광물류(흙, 모래, 돌), 접착제(글루건, 목공 본드, 우드락 본드), 꾸미기 재료

2) 적용 대상 및 유형

유 · 아동, 청소년, 성인, 노인 / 개인, 집단

3) 적용 시기

중기, 종결기

4) 목표

자연물을 통한 감각촉진은 심리적 이완과 안정감을 가져오며 문제해결력을 높이는 과정에서 자존감이 향상된다.

5) 작업 과정

① 준비된 자연물을 오감을 통해 탐색한다(탐색놀이 시간을 통해 손으로 촉감을 느끼고 냄새도 맡아 보며 다양한 용기에 담아 소리를 들어 볼 수 있다).

② 무엇을 만들고 싶은지 생각해 보고 이야기 나눈다(자연물은 종류별로 분리해 놓으면 좋다).

③ 자연물을 이용하여 작품을 제작한다.

④ 작품에 대해 이야기 나눈다.

6) 치료사의 유의점

자연물은 위생과 안전 상태에 따라 내담자의 작업동기 저하와 같은 기대효과에 부정적인 결과를 줄 수 있으므로 유의한다.

3. 석고 손 본뜨기

1) 준비물

석고붕대, 가위, 종이컵, 물, 다양한 색상의 우드락, 글루건, 핸드크림, 우드락 커터기, 아크릴물감 또는 래커(금색, 은색), 붓

2) 적용 대상 및 유형

유・아동, 청소년, 성인, 노인 / 개인

3) 적용 시기

중기, 종결기

4) 목표

새로운 매체를 통해 자신의 욕구탐색에 대한 흥미와 동기를 유발시키고 자아를 이해하고자 한다. 또한 더 나아가 긍정적 미래상을 부각시켜 자긍심을 높이고자 한다.

5) 작업 과정

① 핸드크림으로 손을 마사지해 주며 심리적 이완과 친밀감을 형성한다.

② 자신의 손이 무엇을 어떻게 하고 싶은지 생각해 보고 손 포즈를 취하게 한다.

③ 잘라 놓은 석고붕대를 미지근한 물에 적셔 석고붕대의 겉면이 위로 올라오게 손등과 손가락에 올려놓고 문지른다(손등과 손가락 부분이 겹쳐지게 놓아야 한다. 그렇게 하지 않는 경우 분리된다).

④ ③와 같은 방법으로 3~4차례 반복한 후 석고가 굳을 때까지 기다린다.

⑤ 석고붕대 손끝을 조심스럽게 들어 올리며 하나씩 분리시킨 후 손에서 완전히 빼낸다.

⑥ 석고붕대 손 주변을 가위로 정리한다.

⑦ 석고붕대가 완전히 마르기를 기다리며 손의 바탕이 될 우드락 색상을 선택한다.

⑧ 우드락 커터기를 이용하여 원하는 모양으로 오린 후 뒷면에 고리를 달아 걸 수 있도

록 준비한다.

⑨ 석고붕대 손을 글루건을 이용하여 우드락에 고정시킨다.

⑩ 자신의 손을 소개하고 이야기 나눈다.

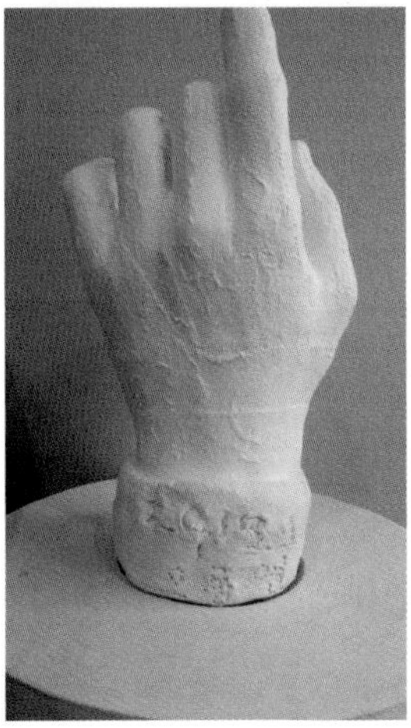

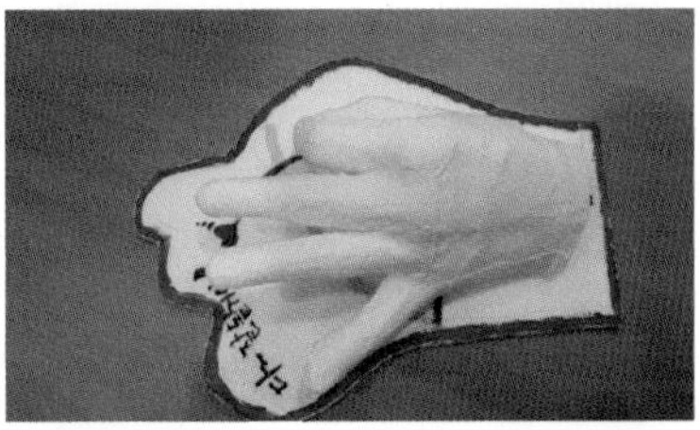

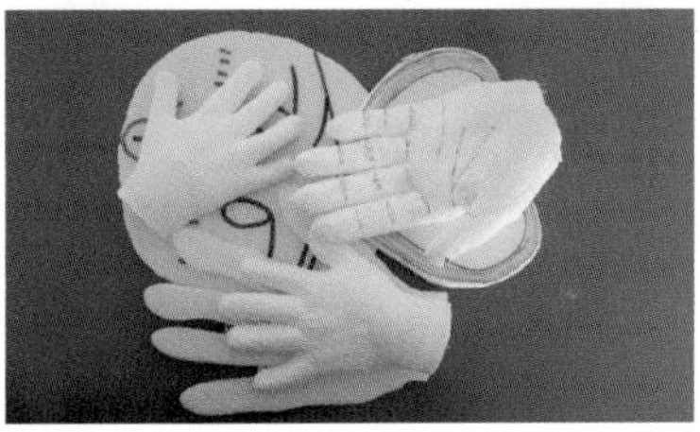

6) 치료사의 유의점

- 석고붕대는 손등 부분과 손가락 부분을 모양에 맞춰 자른다(손등은 4~5장, 손가락은 15~20장이 필요하다).
- 석고붕대를 붙이는 과정에서 움직임이 많으면 석고가 잘 굳지 않으며 석고붕대에 물을 많이 사용할 경우 마르는 시간이 지연된다. 석고붕대를 건조하는 과정에서 선풍기나 헤어드라이기를 사용하면 시간이 단축된다.
- 석고붕대는 흰색을 띄는데, 내담자 선호도에 따라 아크릴물감을 색칠하여 꾸미거나 금색 혹은 은색의 래커를 뿌려 기대효과를 높일 수 있다.

7) 변형 기법

- 석고 발 본뜨기: 발에 대한 의미를 이야기 나눈 후, 크림으로 발을 마사지하고 발등에 석고붕대를 붙인다. 마른 석고붕대를 발에서 분리시킨 후 점토나 우드락 위에 올려 고정한다.
- 석고 얼굴 본뜨기: 자신의 인상이나 표정 등에 대해 이야기 나눈 후, 크림으로 얼굴을 마사지하고 눈, 콧구멍, 입을 제외한 나머지 부분에 석고붕대를 붙인다. 마른 석고붕대를 얼굴에서 분리시킨 후 아크릴물감이나 래커로 채색하고 꾸민 다음에 역할놀이로 활용하면 좋다.

4. 트로피

1) 준비물

다양한 종류의 병, 다양한 색상의 아이클레이, 클레이 도구, 이쑤시개, 아크릴물감, 붓

2) 적용 대상 및 유형

유 · 아동, 청소년, 성인, 노인 / 개인, 집단

3) 적용 시기

종결기

4) 목표

자신의 변화된 점을 인식하고 그에 대한 인정과 격려를 통해 자긍심을 향상시킨다.

5) 작업 과정

① 상담회기를 돌아보며 자신의 변화된 점에 대해 이야기 나눈다.

② 자신에게 주고 싶은 트로피에 대해 생각해 본다.

③ 다양한 종류의 병 중에서 마음에 드는 것을 선택한다.

④ 아이클레이를 병에 붙여 나간다. 다른 색상의 아이클레이로 트로피 명을 만들고 세밀한 부분을 꾸며 준다.

⑤ 이쑤시개로 날짜, 자신의 이름을 새겨 넣는다.

⑥ 치료사가 내담자에게 트로피 증정의 시간을 갖는다.

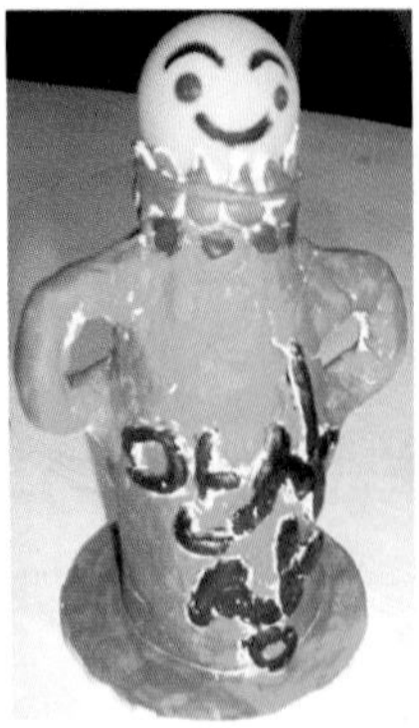

6) 치료사의 유의점

- 내담자가 트로피를 크게 만들고자 할 때에는 다른 부재료를 병의 아래나 위에 덧대어 제작할 수 있다.
- 캔 종류를 이용하면 무게가 가벼워 작품의 중심 잡기가 어렵다.
- 손에 땀이 많은 내담자는 손에 아이클레이가 달라붙어 힘들어할 수 있으므로 지점토를 대신하여 사용할 수 있다. 지점토 완성 후 그늘에서 건조한 다음, 아크릴물감으로 채색하면 접착과 광택에 효과가 있다.

5. 나만의 책

1) 준비물

A4용지, 다양한 색상의 8절 켄트지, 수채물감, 붓, 팔레트, 사인펜, 파스텔, 네임펜, 딱풀, 칼, 자, 가위

2) 적용 대상 및 유형

아동, 청소년, 성인 / 개인, 집단

3) 적용 시기

초기, 중기

4) 목표

흥미로운 매체활동을 통해 창조적 에너지를 유발시키고 확산된 자기표현을 경험함으로써 자존감을 높인다.

5) 작업 과정

① 8절 켄트지를 반으로 접어 여러 색의 물감을 자유롭게 짜 데칼코마니를 완성한다.

② ①에 A4용지를 이용하여 여러 장을 찍어낸다.

③ ② 중에서 마음에 드는 이미지를 3~4장 골라 주변을 채색재료로 꾸며 완성한다.

④ 선택한 여러 장의 종이 개수만큼 켄트지를 이용하여 책으로 엮는다.

⑤ 책으로 엮은 켄트지 각 장마다 자신이 선택한 이미지를 가위로 오려 붙인다.

⑥ ⑤의 각 장마다 연상되는 이미지에 확장된 추가 그림을 그려 꾸민다.

⑦ 겉표지에 제목을 적고 지은이, 출판사, 바코드, 책 가격 등을 적는다.

⑧ 자신의 책에 대해 이야기 나눈다.

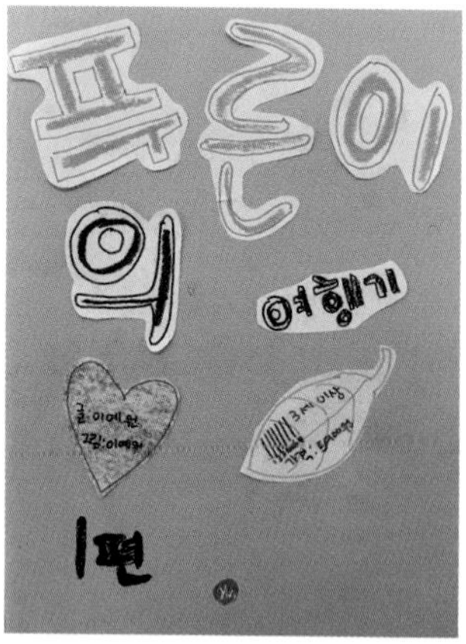

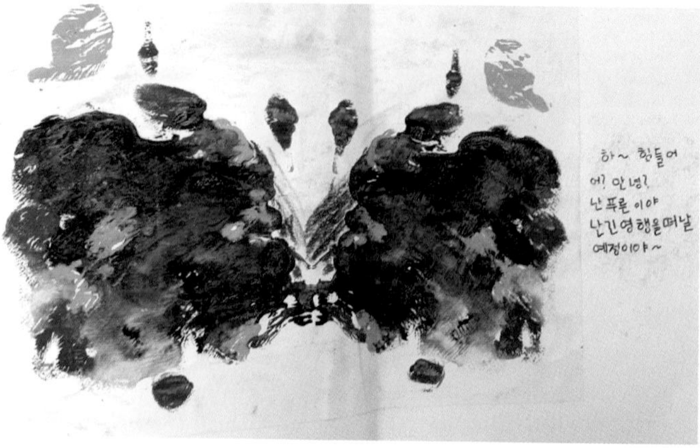

6) 치료사의 유의점

- 물감을 짤 때 화지 밖으로 나오지 않도록 유의하여 문지른다.
- 표지는 두께감이 있는 종이를 사용하는 것이 완성도가 높다.

6. 멋진 나 1

1) 준비물

캔버스 4호, 아크릴물감, 붓, 팔레트, 즉석카메라, 마끈, 글루건, 나무집게, 다양한 스티커

2) 적용 대상 및 유형

아동, 청소년, 성인 / 개인, 집단

3) 적용 시기

종결기

4) 목표

사진을 통해 보다 나은 모습의 자신을 바라보며 자긍심을 향상시킨다.

5) 작업 과정

① 가장 멋진 포즈를 취하고 사진을 찍는다.

② 출력된 사진 중에서 마음에 드는 사진을 2~3개 고른다.

③ 캔버스에 아크릴물감을 이용하여 배경을 그린다.

④ 캔버스 위에 마끈을 자유롭게 구성하여 글루건으로 고정한다.

⑤ 마끈 위에 나무집게를 이용해 사진을 고정한다.

⑥ 멋있는 자기 자신의 모습을 소개하고 이야기 나눈다.

6) 치료사의 유의점

- 집단활동 시 집단원끼리 서로의 사진을 찍어 주도록 한다.
- 캔버스의 바탕색이 밝아야 사진이 돋보인다.

7) 변형 기법

집단활동에서 협동작업으로 진행할 경우 효과적인 집단의 역동성을 기대할 수 있다.

7. 멋진 나 2

1) 준비물

캔버스 4호, 먹지, 아크릴물감, 붓, 팔레트, 스마트폰, 컴퓨터 프린터

2) 적용 대상 및 유형

아동, 청소년, 성인 / 개인, 집단

3) 적용 시기

중기, 종결기

4) 목표

사진과 그림 속 자신의 모습에서 긍정적인 자아의 힘을 갖는다.

5) 작업 과정

① 스마트폰으로 얼굴 사진을 찍는다.

② 프린터를 이용해 사진을 A4 크기로 출력한다.

③ 캔버스 위에 먹지를 깔고 사진을 그 위에 올려서 사진을 본뜬다.

④ 아크릴물감을 이용하여 캔버스에 그려진 얼굴을 색칠한다.

⑤ 현재 자신의 얼굴과 비교하며 달라진 모습에 초점을 두어 제목을 정한다.

⑥ 자신의 작품을 소개하고 이야기 나눈다.

6) 치료사의 유의점

아크릴물감 사용 시 붓은 물통에 담아서 사용한다. 그렇게 함으로써 붓이 굳는 것을 방지한다.

7) 변형 기법

피카소(Pablo Ruiz Picasso)와 몬드리안(Piet Mondrian)의 작품처럼 추상화된 모습으로 이미지화할 수 있다.

8. 우드락 정크아트

1) 준비물

다양한 색상의 우드락, 이쑤시개, 색끈, 유성매직, 우드락 본드, 도화지, 꾸미기 재료

2) 적용 대상 및 유형

유 · 아동, 청소년, 성인 / 개인, 집단

3) 적용 시기

초기, 중기

4) 목표

작품의 재구성 작업을 통해 긍정적인 자아의 힘을 키운다.

5) 작업 과정

① 자신의 마음에 드는 우드락을 선택하여 자유롭게 조각을 낸다.

② 다양한 모양으로 조각난 우드락을 모아 이쑤시개나 본드 등으로 형태를 구성한다.

③ 우드락 조형물 주변을 꾸미기 재료로 확장 표현한다.

④ 작품에 제목을 정하고 이야기 나눈다.

6) 치료사의 유의점

- 우드락으로 형태를 구성할 때 자유로운 연상이 될 수 있도록 치료사가 돕는다.
- 우드락 조각을 구성할 때 치료사가 기술적으로 보조할 필요가 있다.

7) 변형 기법

종이상자에 우드락을 붙여 대형 조형물로 완성할 수 있는데, 이때 콜라주를 할 수 있도록 다양한 부재료를 제공하면 좋다.

9. 웅덩이화

1) 준비물

8절 켄트지, 색연필, 사인펜, 파스텔

2) 적용 대상 및 유형

아동, 청소년, 성인 / 개인, 집단

3) 적용 시기

중기

4) 목표

현재 자신에게 당면한 갈등상황을 인식하고 해결방안을 찾아봄으로써 자아의 힘이 강화된다.

5) 작업 과정

① "자신이 길을 가다가 웅덩이에 빠졌다고 상상해 보세요."

② 웅덩이에 빠졌다고 상상한 것을 화지에 U 형태의 웅덩이와 웅덩이 속 자신을 그린다.

③ 웅덩이와 자신의 주변 풍경을 그린다.

④ 웅덩이에서 어떻게 빠져나올지 생각해 보고 그리도록 한다.

⑤ 그림을 소개하고 이야기 나눈다.

6) 치료사의 유의점

- 웅덩이는 절망과 위기라고 느낄 수 있는 설정상황이므로 개인별 극복 방법에 대해 치료사의 지지와 격려가 중요하다.
- 자신이 생활 속에서 경험했던 위기나 스트레스 상황을 소개하고 극복 방법에 대해 대화 나누는 것도 좋다.

7) 변형 기법

- 청소년 내담자의 경우 자신의 상황과 극복 방법에 대해 글로 적어 사고를 구조화시킬 수 있다.
- 집단활동에서 집단원의 그림에 자신이 전하고 싶은 메시지를 적어 주고, 어떤 사람의 메시지인지 맞추기 게임을 하는 것도 집단역동성에 도움이 된다.

10. 나의 수호천사

1) 준비물

8절 켄트지, 다양한 색상지, 색연필, 크레파스, 파스텔, 지점토, 테라점토, 점토도구

2) 적용 대상 및 유형

아동, 청소년, 성인 / 개인, 집단

3) 적용 시기

중기, 후기

4) 목표

자신을 지켜 주는 필요한 자원에 대해 인식하고 긍정적인 자기자원을 찾는다.

5) 작업 과정

① 눈을 감고 힘든 상황에 처한 자신을 상상해 본다.

② 힘든 상황 속에서 자신이 어떤 모습으로 있는지 상상해 본다.

③ 그때 자신을 도와줄 수 있는 자원은 무엇인지 유형/무형의 것(사람, 물건, 희망, 관계, 사랑, 에너지)으로 떠올려 본다.

④ 자신이 떠올렸던 자원을 점토를 이용해 만든다.

⑤ 그 자원이 어떤 부분에서 자신에게 도움을 주는지 이야기 나눈다.

6) 치료사의 유의점

자신을 도와주는 자원에 대해 구체적으로 생각해 볼 수 있는 시간이 필요하며, 사람과 사물에 국한되지 않고 무형적인 사물(사고, 행동양식)에 대해 폭넓게 접근할 수 있도록 한다.

11. 장점나무

1) 준비물

나뭇가지, 다양한 색상의 털실, 명함 크기의 색상지, 폼폼, 우드락, 점토, 펀치, 글루건, 가위, 상자

2) 적용 대상 및 유형

아동, 청소년, 성인 / 개인, 집단

3) 적용 시기

중기, 종결기

4) 목표

집단원으로부터 새로운 자신의 장점을 발견하고 개인의 자존감을 향상시킨다.

5) 작업 과정

① 준비된 나뭇가지에 자신이 좋아하는 색 털실을 선택하여 감아 준다.

② 폼폼을 나뭇가지에 글루건으로 붙여 꾸민다.

③ 색상지에 자신의 장점을 적고 펀치로 구멍을 낸 후 나뭇가지에 걸어 준다.

④ 완성된 장점나무를 점토나 상자에 고정시켜 세운다.

⑤ 자신의 장점나무를 소개하고 이야기 나눈다.

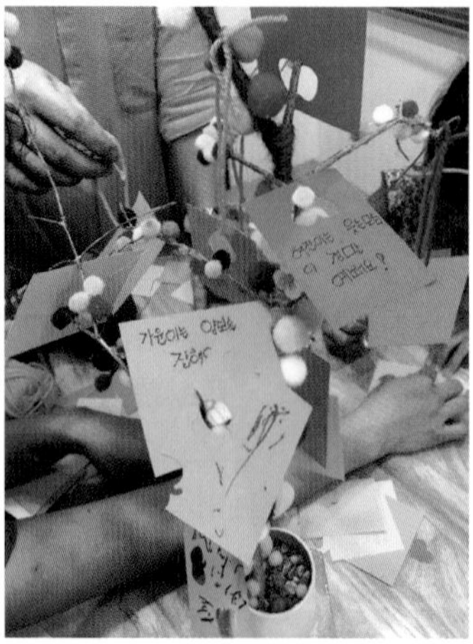

6) 치료사의 유의점

- 펀치를 다양한 모양으로 준비하면 내담자의 흥미를 높일 수 있다.
- 색상지는 모양과 색을 다양하게 준비해 두는 것이 좋다.

7) 변형 기법

가족상담이나 집단활동에서는 서로의 장점을 찾아 장점나무를 협동으로 완성할 수 있다.

12. 핸드 트랜스

1) 준비물

4절 켄트지, 사인펜, 색연필

2) 적용 대상 및 유형

아동, 청소년 / 집단

3) 적용 시기

중기, 종결기

4) 목표

집단원으로부터 새로운 자신의 장점을 발견하고 개인의 자존감을 향상시킨다.

5) 작업 과정

① 켄트지에 자신의 양손을 본뜬다.

② ①을 옆 사람에게 돌려 가며 한 사람이 한 가지씩의 장점을 한 손가락에 적는다.

③ ②가 집단원을 돌아 자신에게 오면 빈 손가락이나 손바닥에 자신의 장점이나 듣고 싶은 말을 추가로 적는다.

④ 제목을 붙이고 이야기 나눈다.

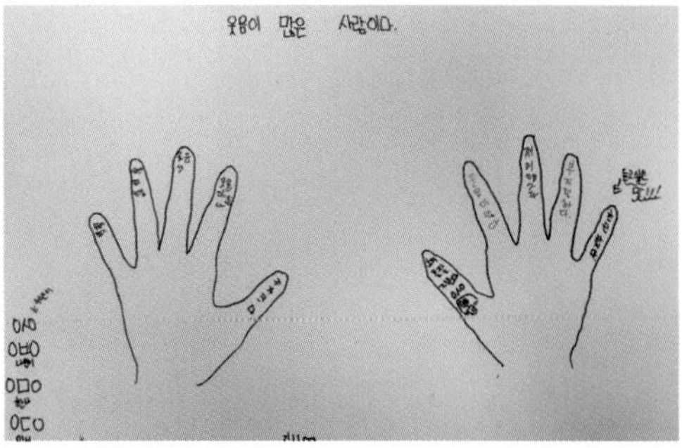

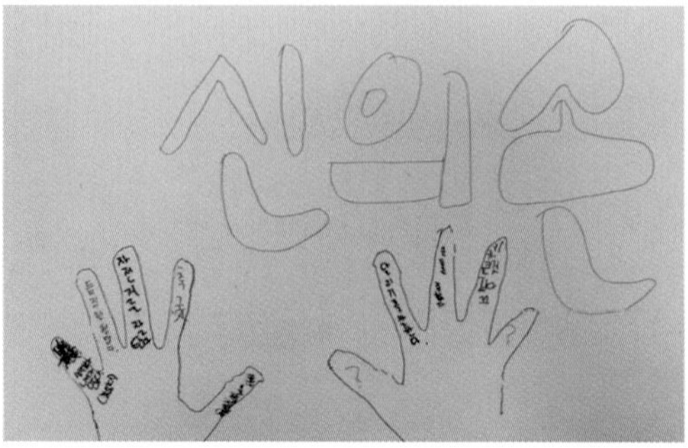

6) 치료사의 유의점

- 장점 찾기에서 소소한 것도 장점이 될 수 있음을 인지시키고, 장난스럽게 적지 않도록 주의를 준다.
- 집단원의 인원에 따라 두세 가지씩 장점을 적을 수 있다.

7) 변형 기법

자신의 양손을 본뜬 후 한 손에는 자신의 장점을 적고 다른 손에는 자신이 소망하는 자신의 모습을 적어 자아를 인식하도록 도울 수 있다.

13. 우리는 하나

1) 준비물

광목, 유성매직, 포스터물감, 평붓, 플라스틱 접시, 투명 테이프, 바닥용 비닐

2) 적용 대상 및 유형

아동, 청소년 / 개인, 집단

3) 적용 시기

종결기

4) 목표

개인의 향상된 자존감을 바탕으로 타인에게 긍정적 에너지를 전하고 집단원의 자존감을 높인다.

5) 작업 과정

① 작업대 위에 비닐을 깔고 그 위에 광목을 고정한다.

② 우리 집단을 상징할 수 있는 형태(하트, 원, 별, 꽃)를 상의하여 그리도록 한다.

③ ② 안에 다양한 색상의 물감을 이용하여 손바닥을 찍어 채운다.

④ 협동작품을 감상하며 느낌을 나눈다.

⑤ 형태 주변에 집단원에게 전하고 싶은 메시지를 돌아가며 적는다.

⑥ 전시하고 싶은 장소를 상의한 후 완성된 작품을 걸어 준다.

6) 치료사의 유의점

- 집단원에게 전하고 싶은 메시지를 적을 때에는 집단원의 긍정적인 변화를 찾아보고 지지와 격려의 메시지를 적도록 한다.
- 손의 형태가 구체적으로 드러나지 않아도 좋다.
- 물감이 광목에 스며들어 뒷면에 배어날 수 있으므로 물의 양에 유의한다.
- 대집단일 경우 소집단으로 나누어서 실시하는 것이 좋다.

14. 탑 세우기

1) 준비물

나무젓가락, 다양한 크기의 상자, 우드락, 글루건, 꾸미기 재료

2) 적용 대상 및 유형

아동, 청소년 / 개인, 집단

3) 적용 시기

중기

4) 목표

구조물을 세워 나감으로써 자아의 균형감각과 집중력을 높여 자존감을 향상한다.

5) 작업 과정

① 탑의 종류와 구조적 특징에 대해 이야기 나눈다.

② 자신이 만들고 싶은 탑의 형태(모양, 크기, 구조)를 스케치해 보거나 머릿속으로 묘사해 보게 한다.

③ 준비된 재료를 이용하여 생각해 둔 탑을 만든다.

④ 탑을 완성한 후 추가적으로 꾸미고 싶은 것을 만든다.

⑤ 자신의 탑을 소개하고 완성 후 소감을 나눈다.

6) 치료사의 유의점

어린 연령의 경우, 탑이라는 구조물에 대해 다소 모호하게 접근할 수 있으므로 작업에 들어가기 전 탑의 개념을 충분히 세울 수 있도록 한다.

15. 만다라 모빌

1) 준비물

만다라 도안, 사인펜, 색연필, 우드락, 투명 반구, 우드락 본드, 우드락 커터기, 장식 줄, 양면테이프

2) 적용 대상 및 유형

유 · 아동, 청소년, 성인, 노인 / 개인, 집단

3) 적용 시기

중기, 후기

4) 목표

만다라 채색 과정을 통해 심리적 안정과 집중력을 강화시키고 완성도 높은 작업 과정을 통해 성취감과 자존감을 향상시킨다.

5) 작업 과정

① 다양한 만다라 도안 중 자신이 마음에 드는 도안을 선택한 후 색칠한다.

② 우드락 커터기로 만다라 도안의 크기보다 반경 3cm 정도 크게 우드락을 자른다.

③ ①을 ②에 붙인다.

④ ③에 투명 반구를 붙인다.

⑤ 장식 줄을 이용하거나 뒷면에 양면테이프를 붙여 벽에 고정한다.

⑥ 자신의 작품을 소개하고 이야기 나눈다.

6) 치료사의 유의점

유・아동 또는 노인의 경우 치료사가 우드락 커터기를 이용하여 우드락을 잘라 미리 준비할 수도 있다.

7) 변형 기법

- 만다라 도안을 두 장 선택하여 우드락의 양면에 붙여 모빌로 완성할 수 있다.
- UFO 우주마을: 집단활동에서 다양하게 제작된 입체 만다라 작품을 모아 벽이나 우드락에 붙여 외계인이 사는 UFO 우주마을과 같이 주제를 확장시켜 꾸밀 수 있다.
- OHP 필름지에 만다라 도안을 프린트하여 유성매직이나 네임펜으로 색칠한 후 끈을 달아 모빌로 만들 수 있으며, 양면에 투명 반구를 덧붙여 완성도 높게 표현할 수 있다.

제3장

긴장이완과 자기조절

1. 물감 핑거페인팅

1) 준비물

물감, 우드락, A4용지, 나무젓가락, 면봉, 이쑤시개

2) 적용 대상 및 유형

유 · 아동, 청소년, 성인, 노인 / 개인, 집단

3) 적용 시기

초기, 중기

4) 목표

신체적 이완을 통해 심리적 퇴행을 촉진하고 무의식적 자기표현과 감정표출을 돕는다.

5) 작업 과정

① 전지나 2절 크기의 우드락에 원하는 색으로 핑거페인팅(finger painting)을 한다.

② ①의 작업을 충분히 경험한 후, 나무젓가락과 면봉, 이쑤시개 등으로 난화를 한다.

③ 마음에 드는 부분을 A4용지로 찍어 낸다.

④ 찍어 낸 난화로 스토리텔링이나 이야기 나누기를 해 보고, 핑거페인팅에 대한 느낌을 이야기 나눈다.

⑤ 핑거페인팅할 때의 느낌과 찍어 낸 그림에 대해 이야기를 나눈다.

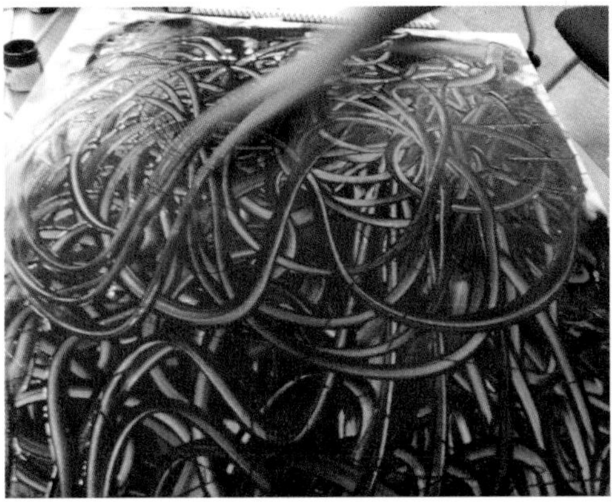

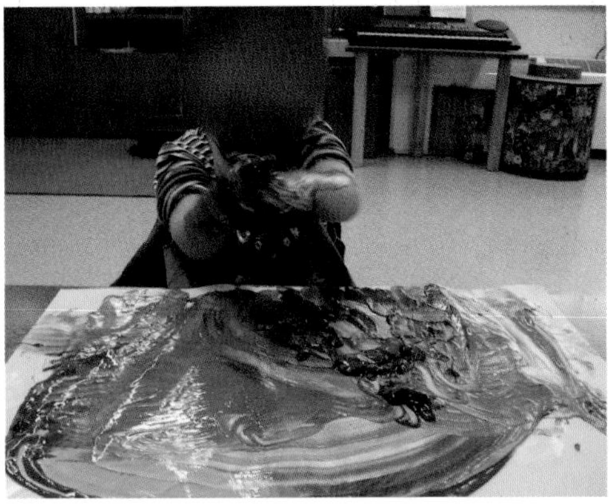

6) 치료사의 유의점

손에 물감이 묻는 것에 거부감을 느끼는 내담자는 손가락에 조금씩 물감을 묻혀 가며 서서히 확장시켜 나간다.

7) 변형 기법

- 손바닥 · 발바닥 찍기: 넓은 쟁반이나 비닐에 물감을 풀어 손바닥이나 발바닥을 종이에 찍어 낸다.

2. 밀가루 풀 핑거페인팅

1) 준비물

밀가루 풀, 우드락, 2절 켄트지, 비닐, 물감, 대야(bowl), 동전, 구슬

2) 적용 대상 및 유형

유 · 아동, 청소년, 성인, 노인 / 개인, 집단

3) 적용 시기

초기

4) 목표

신체적 이완을 통해 심리적 퇴행을 촉진하고 무의식적 자기표현과 감정표출을 돕는다.

5) 작업 과정

① 대야에 풀을 담고 손으로 풀의 촉감을 느껴 본다. 치료사와 서로 손을 맞잡고 손바닥과 손등을 마사지하며 서로의 느낌을 나눈다.

② 3개 정도의 대야에 원하는 색의 물감을 넣고 색풀을 만든다.

③ ②의 색풀을 이용하여 우드락이나 켄트지에 자유롭게 핑거페인팅을 한다.

④ 핑거페인팅 과정에서 풀을 끌어 모으는 놀이나, 가운데에 모아 놓은 풀 속에 동전, 구슬 등을 숨겨 놓고 찾기 놀이를 한다.

⑤ 새로운 켄트지에 손가락을 이용하여 풀 그림을 자유롭게 표현한다.

⑥ 핑거페인팅할 때의 느낌과 풀 그림에 대해 이야기를 나눈다.

6) 치료사의 유의점

- 계절에 따라 풀의 온도를 다르게 하는 것이 내담자의 심리적 작용에 효과를 준다.
- 종이와 우드락, 비닐 등의 핑거페인팅 바탕재료에 따라 느낌이 다르므로 내담자 성향과 유형에 따라 적절히 선택하여 사용한다.
- 밀가루 풀 만들기는 차가운 물 1L에 밀가루 두 숟갈을 넣고 풀어 준 후, 불 위에 올려 저어 가며 끓여 준다(뜨거운 물에 밀가루를 풀면 덩어리가 생긴다).
- 도배용 풀은 민감한 피부에 발진을 일으킬 수 있으므로 사용을 지양한다.

3. 전분 핑거페인팅

1) 준비물

전분가루, 물, 우드락, 2절 켄트지, 비닐, 물감, 대야

2) 적용 대상 및 유형

유 · 아동, 청소년, 성인, 노인 / 개인

3) 적용 시기

초기, 중기

4) 목표

신체적 이완을 통해 심리적 퇴행을 촉진하고 무의식적 자기표현과 감정표출을 돕는다.

5) 작업 과정

① 대야의 1/4 정도 전분가루를 담고 가루의 느낌을 탐색한다.

② 대야에 물을 부어 가며 섞는다(전분의 점성을 고려하여 물의 양을 조절한다).

③ 3개 정도의 대야에 원하는 물감의 색을 넣고 전분과 섞는다.

④ ③의 전분을 상대방의 손등에 떨어뜨려 가며 느낌을 탐색한다.

⑤ 준비된 우드락이나 켄트지에 한 손으로 떨어뜨려 보거나, 또는 양손으로 덩어리를 뭉쳐 던져 본다.

⑥ 여러 색의 전분이 겹쳐지며 나타나는 전분 색의 이미지를 탐색하고 느껴 본다.

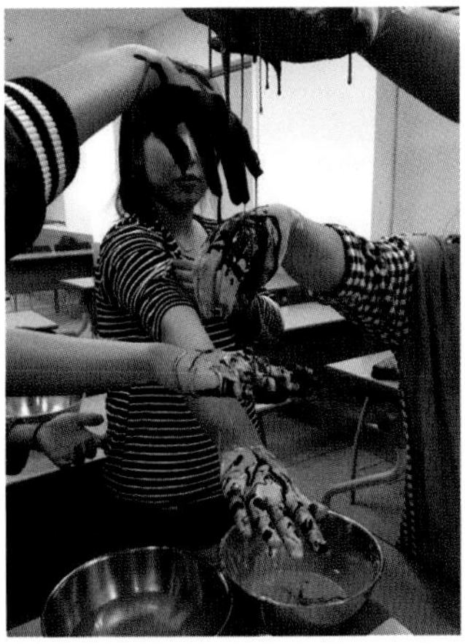

6) 치료사의 유의점

전분가루와 반죽의 특성이 독특하므로 촉감 탐색에 초점을 두어야 한다.

4. 쉐이빙폼 핑거페인팅

1) 준비물

쉐이빙폼, 수채물감, 우드락, 나무젓가락, 면봉, 점토, 스티로폼 구

2) 적용 대상 및 유형

유 · 아동, 청소년, 성인 / 개인, 집단

3) 적용 시기

초기, 중기

4) 목표

신체적 이완을 통해 심리적 퇴행을 촉진하고 무의식적 자기표현과 감정표출을 돕는다.

5) 작업 과정

① 가벼운 스트레칭을 통해 신체를 이완한다.

② 손바닥에 쉐이빙폼을 짜 보고 그 느낌을 탐색한다.

③ 우드락 위에 쉐이빙폼을 듬뿍 짜고 즐거운 상상을 하면서 충분히 양손으로 핑거페인팅을 한다.

④ 집단활동의 경우 게임을 진행한다.

- 마피아 게임(도둑 잡기): 쉐이빙폼 속에 작은 스티로폼 구를 숨겨 두고 게임한다.
- 깃발 쓰러뜨리기 게임: 쉐이빙폼 언덕에 나무젓가락을 꽂아 게임을 한다(나무젓가락의 끝에 점토를 붙여 나무젓가락이 기울어지도록 한다).

⑤ 쉐이빙폼의 양을 줄인 후 물감을 섞어 원하는 색을 만든다.

⑥ 나무젓가락, 면봉을 이용하여 난화를 한다(개인 또는 집단의 작품을 완성할 수 있다).

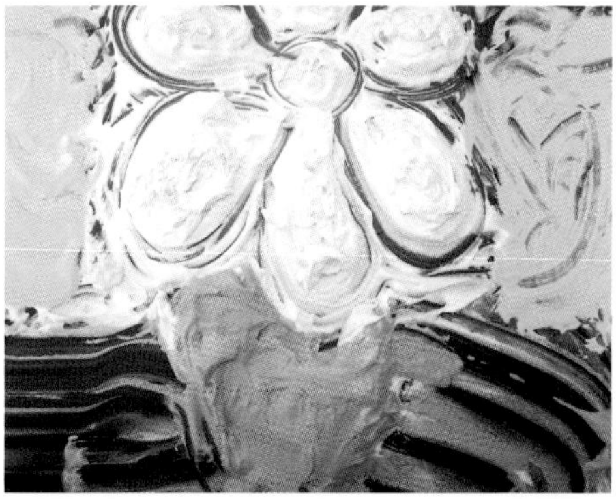

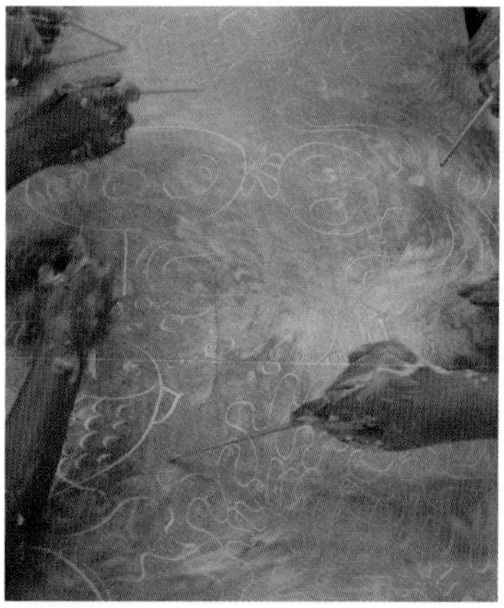

6) 치료사의 유의점

- 쉐이빙폼은 향이 강하므로 후각에 민감한 내담자에게는 주의하여 사용한다(장시간 사용은 지양한다).
- 유아나 피부가 민감한 내담자는 로션을 미리 듬뿍 바른 후 활동하는 것이 좋다.

5. 습식 수채화 1

1) 준비물

4절 켄트지, 수채물감, 다양한 크기의 붓, 팔레트, 분무기

2) 적용 대상 및 유형

아동, 청소년, 성인, 노인 / 개인, 집단

3) 적용 시기

초기, 중기

4) 목표

젖은 매체를 통한 긴장이완과 심리적 퇴행은 내면의 편안함과 안정감을 갖는 데 도움이 된다.

5) 작업 과정

① 분무기를 이용하거나 평붓을 이용해 켄트지에 물을 적신다.

② 원하는 색을 선택하여 젖은 켄트지에 붓으로 그림을 그리거나 물감을 떨어뜨려 자유롭게 표현한다.

③ 작품을 바라보며 '무엇이 보이는지' '무엇이 느껴지는지' '마음에 드는지' '마음에 들지 않는지' '추가하고 싶은 것이 있는지' 이야기 나눈다.

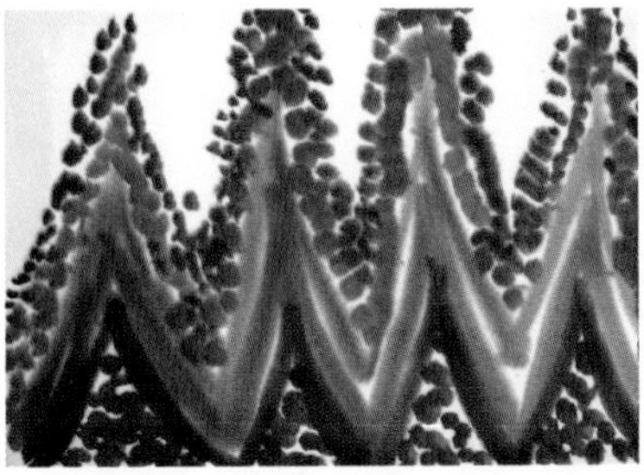

6) 치료사의 유의점

- 이 활동은 물감이 번지는 것을 표현하고 느끼는 과정을 통해 심리적 이완과 촉진을 돕고, 완성된 작품을 통해 현상학적 관점에서 자신을 이해하는 과정이 중요하다. 따라서 유아적 퇴행을 보이는 내담자는 물의 사용 정도를 조절하기 어려워 과하게 사용할 수 있는데, 이는 내담자의 심리적 촉진을 돕는 과정이 되기도 한다.
- 위축되고 무기력한 내담자의 완성된 작품은 색이 흐리고 약할 수 있다. 이때 치료사는 내담자에게 강하다고 느껴지는 색을 하나 선택하여 추가 그림을 그리도록 유도한다. 이는 투사적 표현을 통해 내담자의 심리적 에너지 촉진과 자아확립에 도움을 준다.
- 물감이 번지는 효과를 내기 위해서는 종이가 두툼하거나 물이 충분히 젖어 있도록 해야 한다.
- 종이가 마르면 물감의 색이 흐려지는 것에 대해 미리 공지해 두는 것도 좋다.

7) 변형 기법

네 장의 젖은 종이에 기쁨, 화남, 슬픔, 즐거움(희노애락)을 주제로 하는 색채의 표현은 심리적 치유효과를 가져온다.

6. 습식 수채화 2

1) 준비물

8절 켄트지, 갑휴지, 분무기, 수채물감, 붓

2) 적용 대상 및 유형

유 · 아동, 청소년, 성인, 노인 / 개인, 집단

3) 적용 시기

초기, 중기

4) 목표

긴장이완과 내면의 안정감을 돕고, 심리적 표출을 촉진한다.

5) 작업 과정

① 갑휴지를 한 장씩 뽑아 8절 켄트지 위에 한 장씩 올리고 분무기를 뿌린다.

② 물을 뿌린 후 화장지를 손바닥으로 누르거나 두드리며 켄트지에 밀착시킨다.

③ 내담자가 원할 때까지 ②를 여러 차례 반복한다.

④ 원하는 색 물감으로 자유롭게 그림을 그린다.

⑤ 작품을 바라보며 '무엇이 보이는지' '무엇이 느껴지는지' '마음에 드는지' '마음에 들지 않는지' '추가하고 싶은 것이 있는지' 이야기 나눈다.

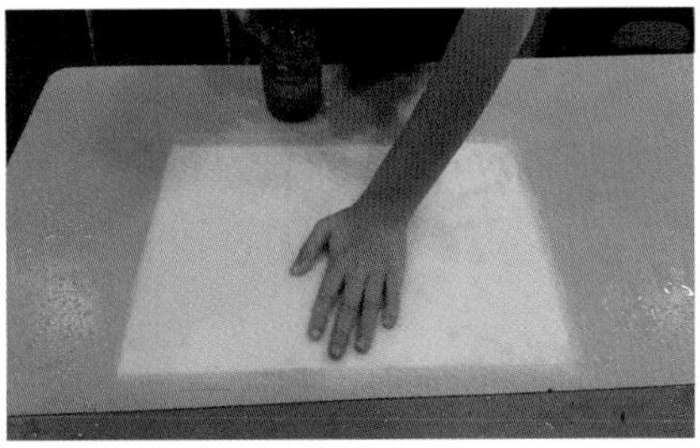

6) 치료사의 유의점

- 화장지에 뿌리는 물은 내담자의 심리적 욕구에 대한 표현이므로 잘 관찰하여야 한다.
- 물을 많이 사용하는 내담자는 유아적 퇴행상태로 볼 수 있으며, 내담자에게 조절을 필요로 하지 않는지 유념하여 지켜보는 것이 필요하다.
- 행동이나 감정조절이 어려운 내담자는 종이를 두드리는 과정에서 화장지와 켄트지가 찢어질 수 있다.
- 종이가 마르면 물감의 색이 흐려지는 것에 대해 미리 공지해 두는 것도 좋다.

7) 변형 기법

- 한지그림 1: 화선지, 순지, 장지 등 흰 종이 종류를 겹쳐 가며 물을 뿌린 후 화지를 만들어 먹물이나 물감으로 그려 본다.
- 한지그림 2: 다양한 색깔 한지 등을 찢어 겹쳐 가며 물을 뿌린 후 화지를 만들고 그림을 그린다.

7. 먹물난화

1) 준비물

화선지 또는 장지, 먹물, 수묵화 붓, 일회용 접시, 융 또는 서예용 담요

2) 적용 대상 및 유형

아동, 청소년, 성인, 노인 / 개인, 집단

3) 적용 시기

초기, 중기

4) 목표

한지의 흡수성과 번짐의 과정 속에서 긴장을 이완하고 내면의 안정감을 갖도록 한다.

5) 작업 과정

① 화선지에 먹물로 난화를 자유롭게 여러 장 그린다.

② 난화를 바닥에 펼쳐 놓고 이야기 나눈다.

- 첫 난화와 진행된 과정의 변화에 대해서 이야기 나눈다.
- 난화에서 나타난 특징을 찾아본다.

6) 치료사의 유의점

- 수묵화 붓이 준비되지 않았을 때에는 수채화 붓을 이용할 수 있다. 그러나 수묵화 붓에 비해 수채화 붓에 묻는 먹물의 양이 적으므로 선이 길게 연결되지 못한다. 따라서 가능한 한 수묵화 붓을 사용하는 것이 좋다.
- 충동조절이 어렵거나 퇴행이 심한 내담자는 먹물의 사용에 유의하여야 한다.
- 먹물이 바닥에 묻어 나오므로 화선지 밑에 반드시 서예용 담요를 사용하여야 한다. 담요가 없을 경우 신문지를 사용한다.

8. 집중과 균형

1) 준비물

한지(화선지, 순지, 장지), 벼루, 먹, 수채물감, 수묵화 붓, 접시나 팔레트, 음악(조용한 피아노곡), 서예용 담요

2) 적용 대상 및 유형

아동, 청소년, 성인, 노인 / 개인

3) 적용 시기

초기, 중기

4) 목표

한지의 흡수성과 번짐의 과정 속에서 긴장을 이완하고 오감각의 집중과 조절을 통해 내면의 균형을 갖는다.

5) 작업 과정

① 조용한 피아노곡을 들으며 호흡에 집중한다.

② 벼루에 먹을 간다(둥글게 먹을 가는 손동작에 집중하여 호흡한다).

③ 수묵화 붓으로 화지에 형태를 스케치한다.

④ 스케치가 끝나면 물감으로 채색한다.

6) 치료사의 유의점

- 벼루에 먹을 갈 때에 먹의 독특한 향에 집중하도록 한다.
- 화선지나 순지는 두께가 얇아 바닥에 스며들 수 있으니 밑에 서예용 담요나 빳빳한 종이를 깔아 준다.
- 화지의 크기는 내담자의 특성에 맞게 제공한다.

9. 먹물활동

1) 준비물

먹물, 붓, 화지(크기는 자유), 물감, 빨대 등

2) 적용 대상 및 유형

아동, 청소년, 성인 / 개인, 집단

3) 적용 시기

중기 초반

4) 목표

심리적 이완과 내면의 심상표현을 촉진한다.

5) 작업 과정

① 먹물의 특성을 이해할 수 있도록 탐색해 본다.

② 화지에 붓으로 선을 그어 보거나 떨어뜨려 보고 빨대로 불어서 변화되는 모습을 탐색한다.

② 15~20분 정도의 시간을 주고 자유롭게 화지에 표현해 본다.

③ 화지상에 나타난 모습들로 자유연상을 한다. 무엇이 떠오르는지 연상되는 장면이나 이미지를 좀 더 구체적으로 묘사하여 완성한다.

④ 오늘 활동에서 지각한 것은 무엇인지 나눈다.

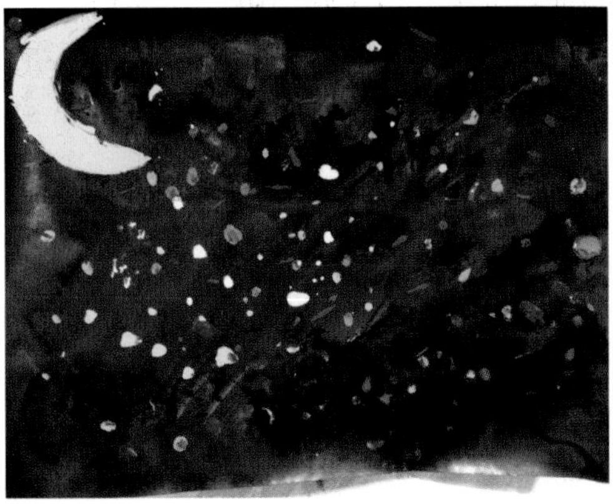 

6) 치료사의 유의점

이미지를 표현할 때 먹물이 주는 느낌과 자유롭게 자신을 표현한다는 점에 초점을 두어야 한다.

7) 변형 기법

먹물을 이용한 난화는 조가비부채와 같이 완성된 재료에 작업하고, 모루나 면봉 등으로 물감을 찍어 추상화 작품으로 완성할 수 있다.

10. 아름다운 마블링

1) 준비물

다양한 크기의 켄트지, 마블링물감, 넓은 쟁반, 나무젓가락, 물티슈

2) 적용 대상 및 유형

아동, 청소년, 성인, 노인 / 개인, 집단

3) 적용 시기

초기, 중기

4) 목표

우연의 효과를 통해 흥미와 동기를 유발시키고 무의식적 자기표현을 촉진한다.

5) 작업 과정

① 넓은 쟁반에 1/2 정도 물을 담은 후 마블링물감 중에서 3~4가지 색을 선택하여 몇 방울 떨어뜨린다.

② 나무젓가락으로 저어 준다(뭉쳐 있는 물감이 자연스럽게 풀어지도록 저어 가며 색을 추가한다).

③ 마블링의 무늬를 다양한 크기의 켄트지로 여러 장 찍어 낸다(켄트지를 양손으로 잡고 빠르게 찍어 낸다).

④ 여러 장 찍어 내어 물감색이 연해지면 원하는 색을 추가해서 반복해 찍어 낸다.

⑤ 이미지 중 마음에 드는 것을 선택해 상하좌우 돌려 가며 감상한다.

⑥ ⑤의 남은 공간에 연상되는 그림을 추가로 그려 완성한다.

⑦ 제목을 정하고 이야기 나누기를 한다.

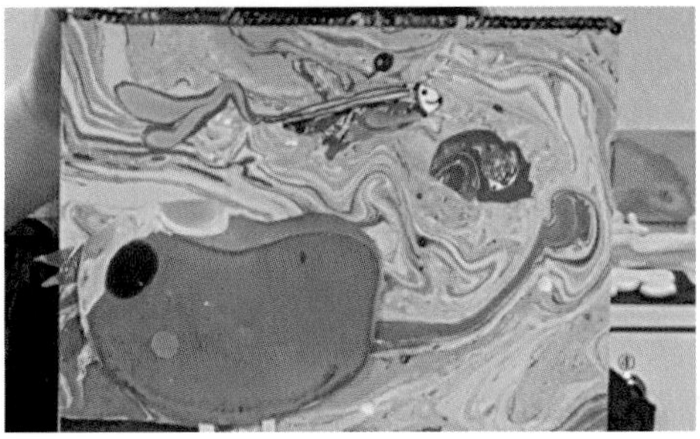

6) 치료사의 유의점

- 마블링 물감은 유성으로 손과 옷, 책상 등을 오염시킬 수 있으니 유의한다(신문지, 물걸레, 물티슈, 화장지, 일회용 장갑 등을 준비하는 것이 좋다).
- 찍어 낸 후 물감이 뭉쳐 있는 부분은 마르는 데 오랜 시간이 걸리고 작업에 방해가 되므로 화장지로 눌러서 닦아 낸 후 작업하는 것이 좋다.

7) 변형 기법

- 마블링 확장 작업: 진행 과정 후 마음에 드는 이미지를 부분적으로 오려 다른 화지에 꾸미거나 확장 작업으로 진행할 수 있다(나선형으로 오려 모빌을 만들 수도 있다).

11. 미션을 수행하라!

1) 준비물

4절 켄트지, 유성매직, 주사위, 말

2) 적용 대상 및 유형

유 · 아동, 청소년 / 개인

3) 적용 시기

초기, 중기

4) 목표

놀이상황을 통해 긴장을 이완시키고 자기표현을 촉진한다.

5) 작업 과정

① 화지 중앙에 작은 원을 그려 출발지점을 표시하고, 나선형으로 3~4회 돌려 마지막 도착지점을 표시한다.

② 출발지점에서 도착지점까지 칸을 그린다.

③ 내담자와 치료사가 각자 원하는 미션을 의논하여 적는다.

④ 주사위를 굴려 나오는 숫자만큼 말을 이동하며 게임을 진행하고 '자신의 말'이 놓인 곳에 적혀 있는 미션을 수행한다.

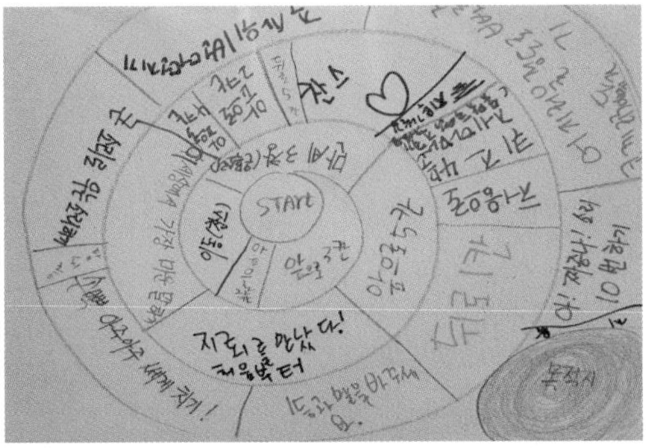

6) 치료사의 유의점

- 내담자의 특성과 치료목표에 따라 미션을 달리한다(큰 소리로 만세 삼창하기, 손뼉 세게 치기, 귓속말로 비밀 얘기하기, 소리 나지 않게 책상 두드리기, 우는 아기고양이 소리 내기, 배고픈 사자 소리 내기, 내가 가장 힘들 때, 내가 가장 슬플 때, 우리 가족 자랑하기 등).
- 미션의 내용을 적을 때에 치료사의 의도가 드러나지 않도록 유의한다.

7) 변형 기법

3~4명의 집단활동이나 가족상담에서 상의하여 미션을 정하고 꾸며서 활용할 수 있다.

12. 양초 회화

1) 준비물

색깔양초, 8절 켄트지, 종이컵, 라이터, 젖은 걸레, 픽서티브(fixative), 투명 래커

2) 적용 대상 및 유형

아동, 청소년, 성인 / 개인

3) 적용 시기

중기

4) 목표

불이 타고 그을음이 만들어지는 과정을 통해 감정의 카타르시스를 경험하고 자기조절력을 향상시킨다.

5) 작업 과정

① 종이컵을 씌운 양초에 불을 붙인다.

② 켄트지를 양초 위에 올려 초의 그을음으로 이미지를 만들어 나간다.

③ 불꽃과 화지의 간격, 각도에 따라 그을음의 이미지가 변화되는 것에 대해 안내한다.

④ 2~3장을 반복하여 원하는 이미지를 만든다.

⑤ 이미지를 감상하고 이미지 중 마음에 드는 것을 선택한다.

⑥ ⑤에 색깔 양초의 촛농을 떨어뜨려 꾸민다.

⑦ 제목을 정하고 이야기 나눈다.

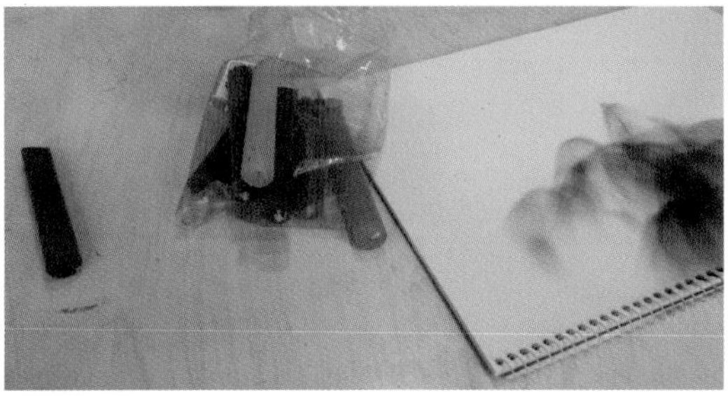

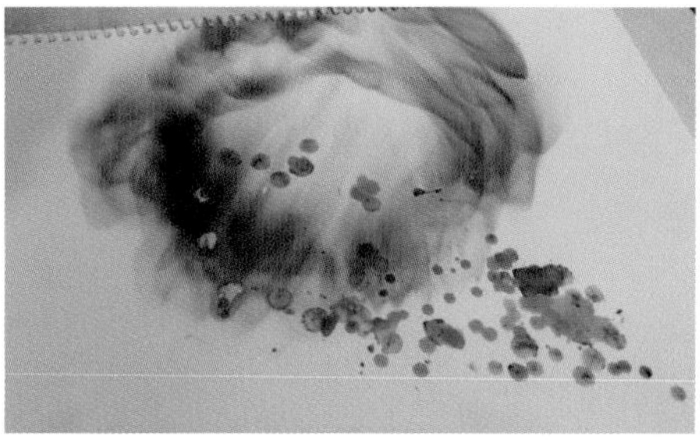

6) 치료사의 유의점

- 안전에 유의해야 하는 작업이므로 정신적 분열이나 강한 충동을 가지고 있는 내담자에게는 지양하여야 한다.
- 그을음을 이미지화시킬 때 양초를 점토로 바닥에 고정하고 켄트지를 양손으로 잡고 이동하며 표현할 수 있다.
- 그을음이 손에 묻어날 수 있으므로 픽서티브나 투명 래커를 뿌려 고정한다.

13. 입체 건축물

1) 준비물

앵두뻥튀기(색 구슬모양 뻥튀기)나 스티로폼 구(대, 중, 소), 우드락 판, 우드락 본드, 이쑤시개

2) 적용 대상 및 유형

유아, 아동, 노인 / 개인, 집단

3) 적용 시기

초기, 중기

4) 목표

흥미로운 매체를 이용하여 집중력과 주의력을 향상시키며, 양손의 조절을 통해 소근육과 협응력 발달을 도모한다.

5) 작업 과정

① 우드락 판 위에 우드락 본드를 이용해 앵두뻥튀기를 고정한다.

② 앵두뻥튀기나 스티로폼 구를 이쑤시개로 연결하여 다양한 입체 구조물로 확장해 나간다.

③ 제목을 정한 후 이야기 나눈다.

6) 치료사의 유의점

- 손이 이쑤시개에 찔리지 않도록 주의한다.
- 자아탄력성이 낮은 내담자는 앵두뻥튀기가 빠지거나 무너질 때 좌절감을 경험할 수 있으므로 치료사가 기술적 보조자의 역할을 해 주는 것에 유념한다.

7) 변형 기법

- 높게 쌓기 게임: 집단활동에서 높게 쌓기 게임을 진행할 수 있다. 이는 내담자의 집중력, 주의력, 조절력 향상에 도움이 된다.

14. 구슬그림

1) 준비물

사각 쟁반(4절 크기, A4용지 상자 뚜껑 재활용 가능), 4절지, 유리구슬, 종이컵, 물감, 일회용 숟가락, 글루건, 꾸미기 재료

2) 적용 대상 및 유형

유 · 아동, 청소년 / 개인, 집단

3) 적용 시기

초기, 중기

4) 목표

흥미로운 움직임과 미술활동을 통해 긴장이완을 경험하고 신체적 · 심리적 균형감각을 갖도록 한다.

5) 작업 과정

① 쟁반에 종이를 여러 장 깔아 놓고 종이컵에 3가지 색 정도의 물감을 적절한 농도로 섞어 준비한다.

② 종이컵 속 물감에 유리구슬을 넣는다.

③ 일회용 숟가락으로 구슬을 건져 쟁반 안에 넣고 구슬을 굴린다.

④ 쟁반을 상하좌우로 움직여 구슬의 움직임을 조절해 본다.

⑤ 구슬에서 더 이상 물감이 묻어나지 않을 때에는 다시 종이컵에 넣었다 건져 상자에 넣기를 반복한다.

⑥ 다른 켄트지에 좀 더 의도적인 자기조절을 통해 여러 장의 구슬 그림을 완성한다.

⑦ 마음에 드는 구슬 그림을 선택하고 다양한 재료로 꾸민다.

⑧ 제목을 정하고 액자로 완성한 후 이야기 나눈다.

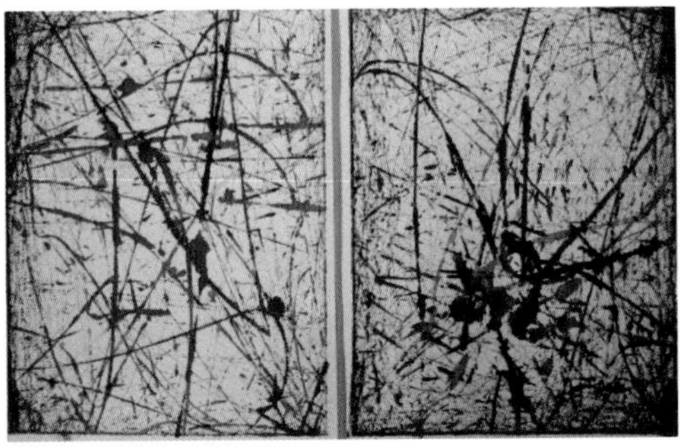

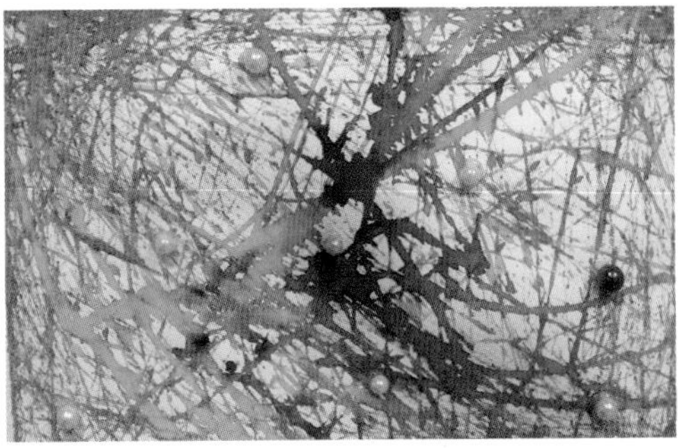

6) 치료사의 유의점

구슬 개수와 물감 색상 수는 처음 1~2개에서 시작하여 차츰 늘려 가도록 한다. 이는 움직임에 더욱 집중하도록 하여 조절력이 강화된다.

7) 변형 기법

- 집단활동에서 2명씩 짝을 지어 쟁반을 잡고 구슬을 굴릴 수 있다.
- 종이를 일정한 사이즈로 잘라 액자를 만들거나 불규칙적으로 잘라서 콜라주를 할 수 있다.

15. 점묘 만다라

1) 준비물

OHP 필름, 만다라 도안, 아크릴물감, 면봉, 유성매직, 투명 테이프

2) 적용 대상 및 유형

유 · 아동, 청소년, 성인, 노인 / 개인, 집단

3) 적용 시기

중기, 종결기

4) 목표

반복된 소근육 활동은 심리적 안정감과 더불어 집중력, 자기조절력을 갖게 한다.

5) 작업 과정

① 마음에 드는 만다라 도안을 선택한다.

② 도안 위에 OHP 필름을 얹고 테이프로 고정한다.

③ 매직으로 도안을 본뜬다.

④ 원하는 색 물감을 면봉에 묻혀 점묘법으로 채색한다.

⑤ 도안에서 OHP 필름을 분리 후 제목을 정하고 이야기 나눈다.

6) 치료사의 유의점

- 만다라 도안이 복잡하고 세밀하면 점묘법으로 채색하는 데 어려움이 있다.
- 중심 부분부터 채색해야 물감이 손에 묻어 번지는 것을 방지할 수 있다.
- 물감에 물을 한 방울 정도 섞어 채색해야 표현이 수월하고 발색이 좋다.
- 장시간 몰입과 집중을 하면 신체적 증상이 올 수 있으므로 휴식과 스트레칭이 필요하다.

7) 변형 기법

- 완성한 OHP 필름 만다라는 유리창에 붙여 스테인드글라스의 효과를 낼 수 있다.
- 완성한 OHP 필름 만다라 뒷면에 구겼다 편 호일을 붙여 액자로 구성할 수 있다.
- 완성한 OHP 필름 만다라 뒷면에 색 우드락을 붙이고 작품을 여러 장 연결하여 병풍으로 구성할 수 있다.

16. 색풀 난화

1) 준비물

도배용 풀, 물감(빨강, 노랑, 파랑, 검정, 하양), 지퍼백, 전지 또는 2절 켄트지(우드락), 가위

2) 적용 대상 및 유형

유 · 아동, 청소년, 성인, 노인 / 집단

3) 적용 시기

중기, 종결기

4) 목표

비정형 매체를 통해 신체적 이완과 촉진을 돕고 자기조절을 갖는다.

5) 작업 과정

① 5개의 지퍼백에 각각 물감을 넣고 도배 풀과 섞어 색풀을 만든다.

② 집단원이 색풀이 담긴 지퍼백을 하나씩 선택한 후 지퍼백 모서리를 가위로 조금 자른다.

③ 켄트지(우드락)에 자유롭게 색풀 난화를 한다.

④ 나타난 이미지에 대해 자유롭게 이야기하며 집단원이 서로 색풀을 바꿔 가며 활동한다.

⑤ 색풀 난화를 손가락으로 누르거나 비비며 핑거페인팅 활동을 한다.

⑥ 제목을 정한 후 작품 이미지와 활동과정에서의 느낀 점을 이야기 나눈다.

6) 치료사의 유의점

지퍼백을 자를 때, 구멍의 크기 조절이 매우 중요하다.

7) 변형 기법

활동이 끝난 후 마음에 드는 부분을 작은 화지로 찍어 내고 확장 작업으로 작품을 구상할 수 있다.

17. 비밀상자

1) 준비물

정육면체 상자 전개도, 양면테이프, 접착 부직포, 가위, 스티커, 메모지(또는 접착메모지), 유성매직

2) 적용 대상 및 유형

아동, 청소년, 성인 / 개인, 집단

3) 적용 시기

중기

4) 목표

내면의 부정적인 정서를 표출하고 조절할 수 있다.

5) 작업 과정

① 치료사는 정육면체 형태의 상자 전개도를 미리 준비한다.

② 전개도를 오려 상자를 만든 후, 접착 부직포로 상자의 겉면을 덮어 준다.

③ ②에 스티커와 유성매직으로 장식을 한다.

④ 내 마음속에 화가 나거나, 슬프거나, 두려운 것들에 대해 생각해 본 후, 다른 사람들에게 알리고 싶지는 않지만 버리고 싶은 마음 또는 생각을 메모지에 적어 본다.

⑤ 메모지를 잘 접어서 상자 안에 넣은 후, 상자의 뚜껑을 덮고 스티커나 접착 부직포로 봉인한다.

⑥ 활동 후의 느낌을 나눈다.

6) 치료사의 유의점

- 고학년 아동 및 청소년, 성인의 경우에는 직접 잘라서 작업할 수 있도록 전개도 그림을 제시해도 되지만 저학년 아동의 경우에는 치료사가 미리 재단하는 것이 좋다.
- 버리고 싶은 마음이나 생각을 적을 때, 내담자 혹은 집단원이 자신의 내면에 집중할 수 있는 분위기를 조성해 주는 것이 중요하다. 지금 이 작업이 매우 중요한 작업임을 인지하게 한다.

18. 내 맘대로

1) 준비물

쿠킹호일, 유성매직, 가위

2) 적용 대상 및 유형

아동, 청소년, 성인 / 개인, 집단

3) 적용 시기

중기

4) 목표

매체의 특성을 이용하여 내면의 정서를 이완, 조절한다.

5) 작업 과정

① 쿠킹호일의 특성을 탐색하며 쿠킹호일을 손으로 찢거나 구긴다. 또는 가위로 오리거나 뭉쳐 본다.

② 쿠킹호일의 느낌을 나눈다.

③ 자연스럽게 만들어지는 형태를 확장시켜 본다.

④ 유성매직으로 세부적인 묘사를 한다.

⑤ 제목을 정하고 이야기를 나눈다.

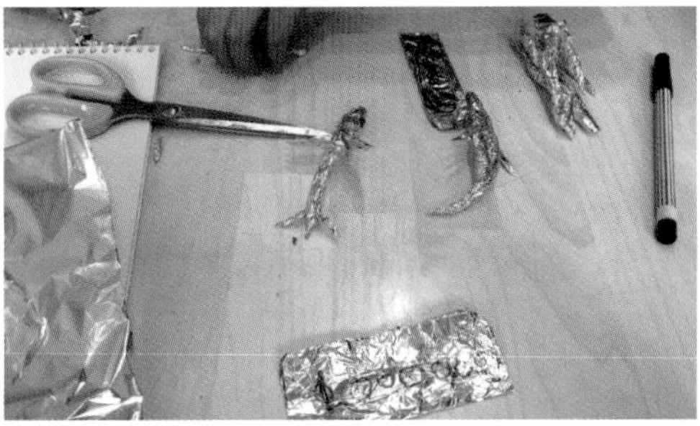

6) 치료사의 유의점

굳이 형태를 만들어 완성하려고 하기보다 호일 매체의 특성과 그 느낌에 집중하여 이완과 통제를 한다.

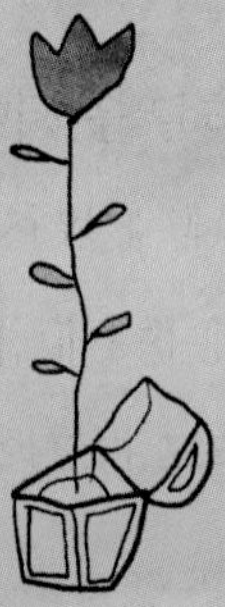

제4장

감정과 스트레스

1. 감정인형

1) 준비물

폼폼, 휴지심이나 두꺼운 종이, 나무젓가락, 털실, 글루건, 리본, 접착메모지, 네임펜

2) 적용 대상 및 유형

아동, 청소년, 성인, 노인 / 개인, 집단

3) 적용 시기

중기

4) 목표

다양한 자신의 감정을 인식하고 자기와의 소통을 통해 자기돌봄의 계기를 갖는다.

5) 작업 과정

① 자신이 자주 느끼는 감정에 대해 이야기를 나눈다.

② 나의 다양한 감정들 중에 한 가지의 감정을 선택하여 감정인형을 만든다.

③ 휴지심이나 두꺼운 종이를 접어 몸통을 만들고, 나무젓가락으로 팔과 다리를 꾸며 준다.

④ ③에 털실을 감아 몸통을 꾸며 주고 폼폼을 손으로 뜯어 부풀려서 머리카락을 만든다.

⑤ 얼굴표정을 그려 넣은 후 감정인형의 이름을 붙여 준다.

⑥ 나의 감정인형에게 해 주고 싶은 말을 집단원에게 소개한다.

⑦ 친구의 감정인형에게 해 주고 싶은 말을 접착메모지에 적어 건네준다.

6) 치료사의 유의점

현재의 감정이 아닌 어린 시절의 성장 과정에서 느낀 감정으로 만들 수도 있다.

7) 변형 기법

- 인형의 머리카락은 털실이나 모루로 표현하고 인형의 몸은 헝겊이나 양말에 솜을 넣어 완성할 수 있다. 청소년 이상의 연령에서는 인형 만들기를 위한 바느질도 정서적 안정에 도움을 준다.
- 완성된 감정인형으로 역할극을 진행할 수 있다.
- 자신의 다양한 감정을 감정인형 시리즈로 만들 수 있다.
- 가족상담 장면에서 가족 구성원들이 자신의 감정인형을 만들어 활용한다.

2. 내 감정을 맞혀 봐!

1) 준비물

두꺼운 종이(명함 크기로 12~16장), 4절 색상지, 채색재료(색연필, 사인펜, 크레용), 거울

2) 적용 대상 및 유형

유 · 아동, 청소년, 성인 / 개인, 집단

3) 적용 시기

중기

4) 목표

집단원과의 게임과 소통을 통해 다양한 자신의 감정을 인식하고 표현할 수 있다.

5) 작업 과정

① 카드에 '행복하다' '즐겁다' '뿌듯하다' '자랑스럽다' '외롭다' '슬프다' '화난다' '두렵다' 등 다양한 감정단어를 적는다.

② 가위바위보로 1인당 2~3장의 카드를 선택한다(글씨가 보이지 않게 뒤집어 놓고 하나씩 고르는 것도 좋다).

③ 자신이 선택한 카드의 감정을 읽고 거울을 보며 얼굴표정을 지어 보도록 한다.

④ 선택한 '감정단어 카드' 수만큼 빈 카드 용지를 나눠 준다.

⑤ 자신이 선택한 '감정단어'에 맞는 얼굴 이모티콘을 그리고, '감정단어 카드'와 '얼굴표정 카드'를 소개한다.

⑥ 게임판에 '단어카드'와 '표정카드'를 상하로 분리하여 뒤집어 놓는다.

⑦ 한 명씩 돌아가며 '단어카드'와 '표정카드'를 각 한 장씩 뒤집어 일치하는지 확인한다.

⑧ '단어카드'와 '표정카드'가 일치하였을 때, 자신의 감정경험을 설명하고 두 장의 카드

를 가져간다.

⑨ 바닥에 놓인 카드가 모두 없어질 때까지 게임을 진행하고, 카드를 가장 많이 가지고 간 사람이 승자가 된다.

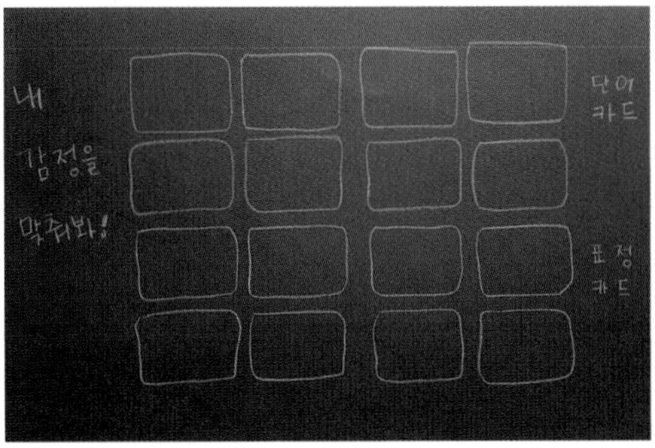

6) 치료사의 유의점

- 집단원의 연령과 인지발달을 고려하여 카드의 개수를 조절한다.
- 치료사는 감정단어가 적힌 종이를 준비한다.

7) 변형 기법

- '단어카드'와 '표정카드'가 일치되는 사람이 자신이 획득한 카드의 표정을 다른 집단원에게 짓도록 한 후, 가장 잘 표현한 사람에게 획득한 자신의 카드를 준다.
- 감정 대신 소원(갖고 싶은 것, 가고 싶은 곳, 먹고 싶은 것, 해 보고 싶은 것 등)으로 변형하여 단어카드와 그림카드를 만들어 진행할 수 있다.

3. 분노는 어떻게 생겼을까요?

1) 준비물

4절 켄트지, 지점토, 수채화 도구, 크레파스, 공예철사

2) 적용 대상 및 유형

아동, 청소년, 성인 / 개인, 집단

3) 적용 시기

초기, 중기

4) 목표

내면의 분노 감정을 외현화시켜 지각 및 통찰을 돕는다.

5) 작업 과정

① 4절 켄트지에 크레파스를 이용하여 자신의 분노 감정을 그려 보게 한다.
"만약 당신의 분노가 어떤 모습을 가지고 있다면 우리 눈에 어떻게 보일까요?"

② 공예철사로 분노 감정을 선의 형태로 표현해 본다.

③ 점토로 분노 감정을 입체 형태로 만들어 본다. 만든 후에는 물감으로 채색한다.

④ ②와 ③을 ① 위에 배치하게 한다.

⑤ 완성작을 보면서 자신의 분노 감정에 대해 지각한 것들을 이야기한다.

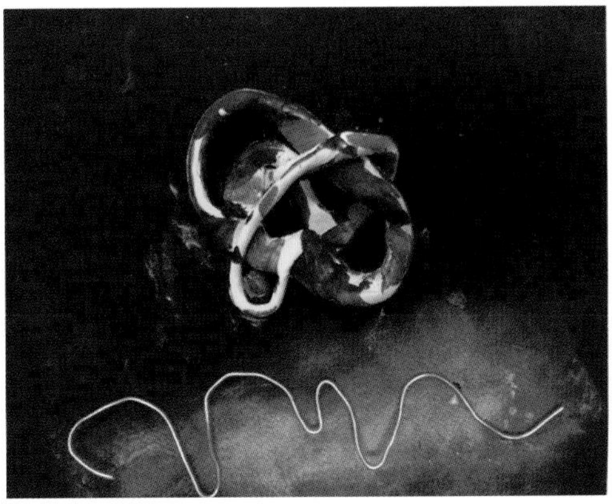

6) 치료사의 유의점

내담자가 자신의 분노를 어떻게 표현하든 내담자의 표현에 대해 치료사는 인정해 주는 자세가 필요하다. 간혹 아동이나 청소년이 표현을 어려워할 경우 이미지 연상 작업을 통해 분노 이미지를 좀 더 끌어내 주도록 한다.

4. 내 마음에는 ○○가 살아요

1) 준비물

전지, 수채화 도구, 색연필, 사인펜, 유성매직 등

2) 적용 대상 및 유형

아동, 청소년, 성인 / 개인, 집단

3) 적용 시기

중기

4) 목표

내면의 부정적 감정을 외현화시켜 지각 및 통찰을 돕는다.

5) 작업 과정

① 내 마음속의 다양한 부정적 정서에 대해 이야기한 후 어떤 감정을 선택할지 정한다.
"내 마음에는 다양한 감정괴물이 살고 있습니다. 나를 화나게 하는 괴물, 나를 두렵게 만드는 괴물, 나를 슬프게 하는 괴물, 나를 불안하게 만드는 괴물 등등. 그중 나를 가장 괴롭히는 감정 괴물은 어떤 괴물일까요?"

② 전지에 그리기 도구로 내 안에 살고 있는 감정괴물을 그려 본다.

③ 감정괴물에 이름을 붙여 준다. 그리고 그 감정괴물에 대해 이야기한다.

④ 감정괴물이 내 마음속에서 무엇이라고 이야기 하는지 말풍선을 그려서 써 보고, 나는 그 말에 어떻게 대답하고 싶은지(혹은 어떻게 대답해 왔는지) 이야기하고 써 본다.

⑤ 이 감정괴물을 어떻게 다루면 좋을지 방법에 대해 나눈다.

6) 치료사의 유의점

- 화지의 크기는 상황에 따라 달라질 수 있다.
- 치료사는 감정이라는 것은 수용하고 느끼고 머무르는 것이라는 인식을 내담자가 가질 수 있도록 도와야 한다.

7) 변형 기법

감정괴물을 입체적으로 표현할 수도 있다. 점토나 우드락 조각 등을 이용하여 자신의 감정괴물을 만들고 그 입체작품에 자신의 감정을 투사해서 표현하게 한다. 이때 물감이나 색모래, 반짝이 가루 등을 이용하여 좀 더 감정을 극대화해서 표출시킬 수 있다.

5. 분노 신체화

1) 준비물

전지, 수채화 도구, 크레파스, 색연필, 사인펜, 유성매직

2) 적용 대상 및 유형

아동, 청소년, 성인 / 개인, 집단

3) 적용 시기

중기

4) 목표

내면의 분노 감정을 외현화시켜 지각 및 통찰을 돕는다.

5) 작업 과정

① 전지를 벽면에 붙인 후, 내담자를 화지 앞에 서게 한 후 치료사가 전신 본뜨기(body tracy)를 해 준다.

② 최근 또는 과거에 매우 화가 났었던 경험을 떠올려 본 후, 나의 분노한 모습을 ①에 표현하게 한다.

③ 그림 완성 후, 어느 정도 화가 난 상태인지 온도계로 표현하게 한다.

④ 떠올렸던 경험에 대해 이야기하고, 그때 나의 대응 방법은 어떠했는지 나눈다.

⑤ 그 당시 내가 하고 싶었던 말이나 생각을 말풍선에 적어 본다.

⑥ 화난 나의 모습에서 느껴진 것을 나누고 어떻게 바꿔 보고 싶은지에 대해 나눈다.

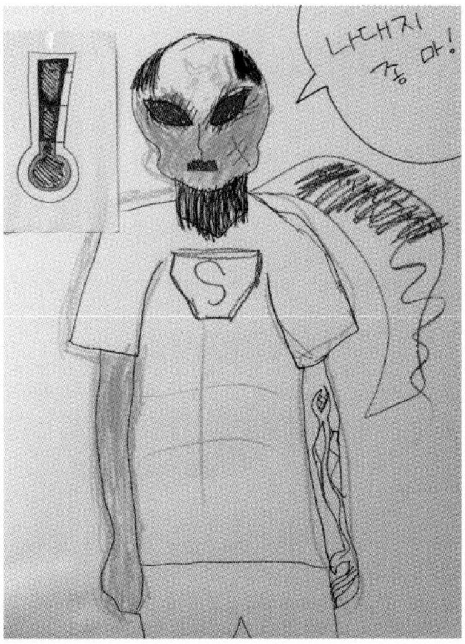

6) 치료사의 유의점

자신의 화난 모습에 대해 방어적인 태도를 보이는 내담자는 화난 경험과 그 당시의 생각, 감정에 대해 충분히 나눈 후 작업에 임하는 것이 좋다.

7) 변형 기법

자신의 신체를 입체작품으로 표현할 수 있는데, 이때 점토가 용이하며 이쑤시개나 자갈 등을 준비하여 다양한 표현 기법을 시도할 수 있도록 준비해야 한다.

6. 화산그림

1) 준비물

4절 켄트지, 크레파스, 파스넷, 유성매직, 물감, 팔레트, 붓

2) 적용 대상 및 유형

아동, 청소년, 성인 / 개인, 집단

3) 적용 시기

중기

4) 목표

자신의 분노 감정을 표현하고 분출하는 경험을 통해 자기 이해와 수용을 돕는다.

5) 작업 과정

① 화가 나는 상황을 연상하고 화가 난 나의 감정을 구체적으로 떠올린다.

② 지금 나의 감정을 화산에 비유한다면, 화산이 어떤 모습일지 상상해 본다.

③ 자신의 화산을 그림으로 표현한다.

④ 화산 그림의 제목을 정하고 그림에 대해 이야기 나눈다.

- 화산을 연상하라고 하기 전, 나는 어떤 상태였는가?
- 터지기 전의 화산을 연상하면, 어떤 기분이 드는가?
  생활에서 언제 그런 기분을 느끼는가?
- 터지고 있는 화산을 연상하면, 어떤 기분이 드는가?
  생활에서 언제 그런 기분을 느끼는가?
- 터진 후의 화산을 연상하면, 어떤 기분이 드는가?
  생활에서 언제 그런 기분을 느끼는가?

- 화산이 터지기 전과 터진 후의 달라진 점은 무엇인가?
- 화산 그림에 추가하고 싶은 부분이 있는가?
- 이 화산은 앞으로 어떻게 될 것 같은가?
- 분노표현에 있어서 좀 더 안전하게 자신을 보호할 수 있는 방법은 무엇이 있을까?

6) 치료사의 유의점

부정적인 감정표현에 대해 긴장과 방어가 있을 수 있으므로 충분한 이완과 몰입의 시간을 갖는 것이 필요하다.

7) 변형 기법

- 화가 나는 감정의 은유적 상징물로 폭탄, 로켓 등을 연상하고 표현할 수 있다.
- 켄트지나 우드락 판 위에 찰흙으로 화산을 만들고 분출하는 용암과 주변을 물감으로 표현할 수 있다.

7. 나의 상처

1) 준비물

점토, 물감 등

2) 적용 대상 및 유형

청소년, 성인 / 개인, 집단

3) 적용 시기

중기

4) 목표

내적 트라우마를 외현화시켜 줌으로써 현재의 자신을 통찰하고 해결방안을 모색할 수 있다.

5) 작업 과정

① 현재 느끼는 부정적인 정서, 그와 관련된 경험과 트라우마에 대해 이야기 나눈다.

② 점토를 이용하여 경험한 트라우마를 표현한다.

③ 작업한 트라우마에 대해 이야기를 나누고, 이 상처가 앞으로 어떻게 되었으면 좋겠는지에 대해 생각하고 이야기 나눈다.

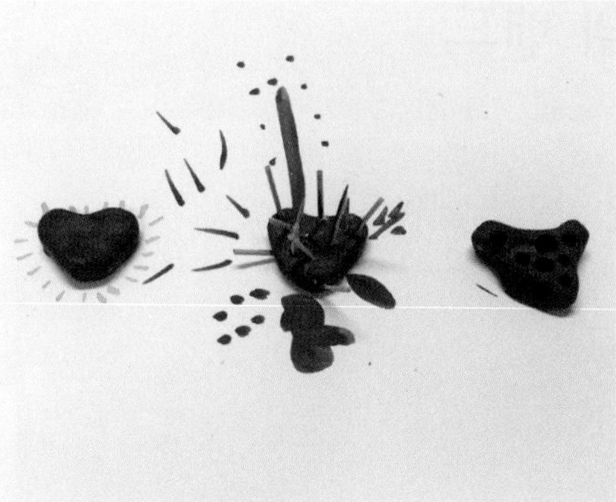

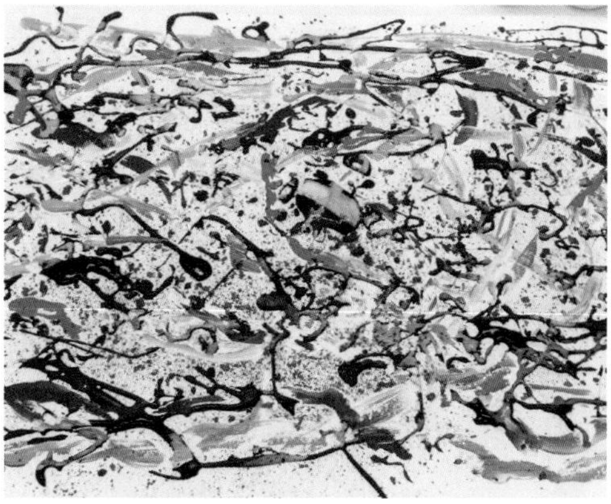

6) 치료사의 유의점

- 트라우마가 심한 경우, 내담자 자신의 상처를 들여다보는 것을 힘들어하거나 어려워하는 경우가 생긴다. 이럴 때 치료사는 무리해서 표현하게 하기보다는 점진적으로 자신의 내면을 들여다볼 수 있도록 도와야 한다.
- 외현화하는 과정에서 매우 단조롭게 표현하더라도 내담자에게 격려하고 지지해 주어야 한다.

8. 마음의 밴드

1) 준비물

8절지, 사인펜, 색연필

2) 적용 대상 및 유형

유 · 아동, 청소년, 성인 / 집단

3) 적용 시기

중기, 종결기

4) 목표

자신과 타인의 상처를 소통하며 공감하는 과정을 통해 자연스러운 자기감정표현을 경험한다.

5) 작업 과정

① 치료사가 '살면서 겪게 되는 마음의 상처들'에 대해 소개한다.

"우리가 살다 보면, 누구나 원하지 않는 일들을 경험하게 될 때가 있어요. 예를 들면, 억울했던 일, 속상했던 일, 외로웠던 일, 슬펐던 일, 자존심 상했던 일 같은 것들이에요."

② 두 명이 짝을 지어, 자신이 겪었던 상처를 서로 이야기 나눈다.

③ 치료사는 마음의 밴드에 대해 의미를 소개한다.

"짝의 이야기를 듣고 어떤 느낌이 들었나요? 짝의 아픔이 느껴졌나요? 짝에게 여러분의 위로, 격려, 그리고 보살핌이 필요합니다. 우리가 몸에 상처가 나면 밴드로 상처를 보호하듯 당신의 마음을 밴드에 담아 그려 주세요."

④ 짝에게 줄 '마음의 밴드'를 그리고 해 주고 싶은 말을 밴드에 적는다.

⑤ 제목을 정하고 이야기 나눈다.

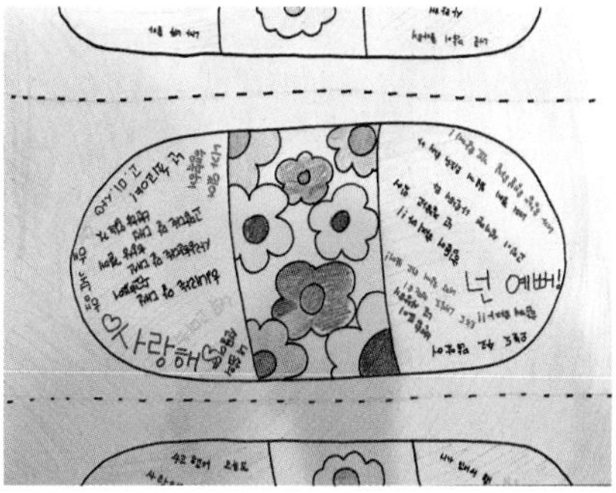

6) 치료사의 유의점

자기개방과 상처에 대해 프로그램을 진행할 때에는 집단원의 타인에 대한 존중감과 성숙도를 고려하여 진행하는 것이 필요하다.

7) 변형 기법

- 두 명이 짝을 지어 '상처받은 동물'과 '돌봄을 주는 사람'으로 역할극을 해 볼 수 있는데, 이때 역할 속에서 자신의 감정과 타인의 감정을 이해할 수 있도록 돕는다.
- '밴드'를 대신하여 '마음이 아픈 친구에게 주는 처방전' '요술 알약' 등을 그리거나 만들어 진행할 수 있다.

9. 아픈 나무 돌보기

1) 준비물

8절 켄트지, 사인펜, 색연필

2) 적용 대상 및 유형

청소년, 성인 / 집단

3) 적용 시기

중기, 종결기

4) 목표

자신과 타인의 상처를 소통하며 공감하는 과정을 통해 자연스러운 자기감정표현을 경험한다.

5) 작업 과정

① 치료사는 호흡으로 이완시킨 후, '상처받은 나무'에 대해 연상할 수 있도록 돕는다.

"당신은 지금 나무가 많은 곳에 와 있습니다. 그중 당신의 눈에 띄는 나무 한 그루가 당신의 눈에 들어옵니다. 그 나무는 당신에게 아주 특별합니다. 그 나무에게 다가가 인사를 나누고 대화를 나눠 보세요. …… 그리고 나무를 만져 봅니다. …… 오랫동안 살아온 나무는 여러 가지 상처가 보입니다, 어디에 어떤 모양으로 생긴 상처인지 살펴보세요. 나무는 어떻게 이런 상처를 갖게 되었을까요? 나무와 잠시 대화를 나눠 봅니다. …… 나무는 지금 무엇을 필요로 할까요? 이제 눈을 뜨고 당신이 만난 나무를 그려 주세요."

② 자신이 상상한 '나무'를 그린다(나무 그림에 말풍선을 그려 나무가 하고 싶은 말을 적어도 좋다).

③ 나무의 제목을 정하고, 그림을 소개한다.

④ 상처받은 나무가 필요로 하는 것을 추가해 그리고, 자신이 나무에게 해 주고 싶은 메시지도 적는다.

⑤ 집단원이 돌아가며 구성원들에게 지지해 주고 싶은 메시지를 접착메모지에 적어 붙여 준다.

6) 치료사의 유의점

- 이야기를 나눌 때, '나무의 감정'과 '나무를 바라보는 자신의 감정'에 초점을 두는 것이 감정표현에 도움이 된다.
- 치료사가 이끄는 상상여행 내용은 내담자에 따라 내용이 가감될 수 있다.

10. 감정단어와 연상

1) 준비물

4절 켄트지, 인쇄된 감정단어, 사인펜, 색연필(크레파스), 가위, 풀

2) 적용 대상 및 유형

아동, 청소년, 성인, 노인 / 개인, 집단

3) 적용 시기

중기

4) 목표

감정단어를 이용하여 내면의 욕구와 사고를 구조화한다.

5) 작업 과정

① 다음의 예시 표와 같이 켄트지에 사인펜으로 그린다.

② 다양한 감정단어들 중 최근 느꼈던 단어 4개를 선택한다.

③ '감정단어 칸'에 선택한 단어를 오려 붙인다.

④ '색/형태 칸'에 각 감정단어에 어울리는 색을 선택하고 연상 형태를 그린다.

⑤ '연상단어 칸'에 각 단어에 연상되는 단어를 2~3개 적는다.

⑥ '문장 칸'에 각 '연상단어'를 이용하여 한 문장을 만든다.

⑦ '통합 칸'에 4개의 문장을 이용하여 스토리텔링한 후 상단에는 이야기를 적고 하단에는 그림을 그린다.

⑧ 작품을 소개하고 이야기 나눈다.

감정단어	색/형태	연상단어	문장	통합
슬프다		상처, 약	상처 나서 약을 발랐어.	스토리텔링
기쁘다		봄, 소풍	봄 소풍은 즐거워.	
행복하다		웃음, 칭찬	엄마에게 칭찬받아서 웃었어.	그림
두렵다		어둠, 번개	번개 치는 날은 어둡고 무서워.	

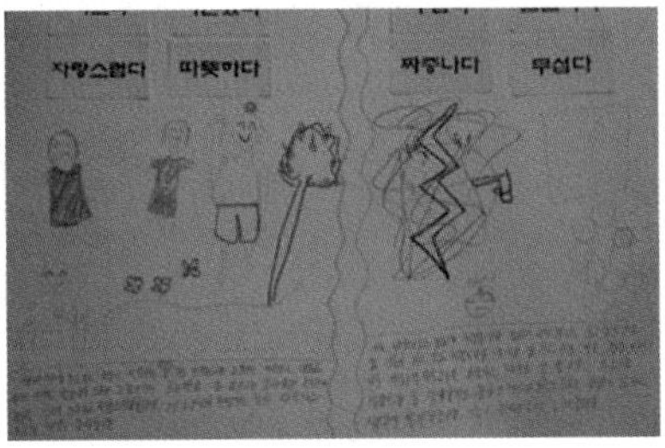

6) 치료사의 유의점

- 그날의 내담자의 기분과 감정을 자연스럽게 동기화하며 진행한다.
- 내담자의 연령과 발달 수준을 고려해 감정단어 개수를 선택하게 한다.

7) 변형 기법

긍정적인 감정과 부정적인 감정으로 감정단어를 구분해 붙이고, 연상되는 그림을 그리고 나서 스토리텔링하도록 한다.

11. 감정 조각피자

1) 준비물

원형 켄트지, 원형 색상지, 사인펜, 색연필, 칼, 가위, 풀

2) 적용 대상 및 유형

유 · 아동, 청소년, 성인, 노인 / 개인

3) 적용 시기

중기

4) 목표

다양한 감정을 탐색하고 표현함으로써 자기이해를 돕는다.

5) 작업 과정

① 마음에 드는 원형 색상지를 선택한다.

② 최근에 느낀 자신의 감정이나 기분을 생각해 본다.

③ 감정이나 기분의 수만큼 원형 색상지에 피자 조각 형태로 칸을 나누고 그 안에 감정과 기분을 적는다.

④ 감정으로 구분된 선을 따라 가장자리 부분을 5mm 정도 남겨 두고 중심에서부터 오린다.

⑤ 흰색 원형 켄트지의 가장자리에 풀칠을 하고 ④ 아래에 붙인다.

⑥ 색상지에 적혀 있는 감정단어를 하나씩 열어, 아래 흰색 켄트지 위에 그 감정 상황을 그린다.

⑦ 소감을 나눈다.

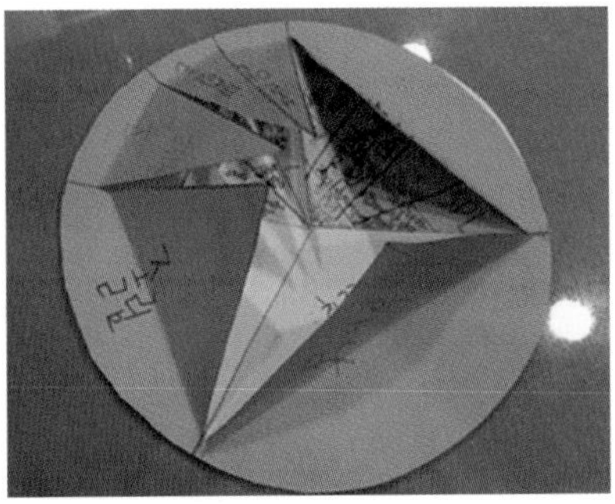

6) 치료사의 유의점

- 내담자의 연령과 인지 수준을 고려하여 감정의 개수를 조절한다.
- 풀칠할 때 풀칠한 면적이 좁을수록 조각이 잘 펼쳐진다.

12. 감정 날씨

1) 준비물

날씨도, 감정카드, 켄트지, 크레파스, 사인펜

2) 적용 대상 및 유형

유 · 아동, 청소년, 성인, 노인 / 개인, 집단

3) 적용 시기

중기

4) 목표

지금의 기분을 인식하고 자신의 에너지 수준을 알아 상호소통에 도움을 받는다.

5) 작업 과정

① 감정카드를 자신의 생각에 해당되는 네 영역에 올려 본다(맑음, 흐림. 밤, 천둥).

② 어느 영역에 감정카드가 많이 놓여 있는지 살펴보고, 자신의 에너지 수준을 안다(즉, 높은 에너지 · 낮은 에너지, 긍정적 감정 · 부정적 감정).

③ 오늘이나 최근에 해당되는 감정의 카드만 남긴다.

④ 날씨도와 같이 켄트지를 4등분하고, 각각의 공간에 '날씨도'와 '감정카드'를 통합하는 그림을 그리거나 문장을 적어 본다.

⑤ 네 개의 컷을 하나의 통합된 그림으로 그린다. 또는 네 개의 문장을 통합시켜 스토리텔링을 한다.

⑥ 제목을 정하고 이야기를 나눈다.

6) 치료사의 유의점

- 내담자가 제시된 '감정날씨' 그림으로 현재 자신의 기분을 통찰하고 긍정적이고 높은 에너지를 위한 충전의 방법을 모색하게 한다.
- 내담자의 감정카드가 부정적이고 낮은 에너지로 많이 쏠려 있을 때, 부정적이고 낮은 에너지가 오히려 내면의 힘이 되고 역동적 에너지로 변하게 된다는 것을 알게 한다.

7) 변형 기법

집단 프로그램으로 진행할 시에는 모둠으로 진행한다. 단, 모둠을 구성할 시에는 모둠별로 유형과 특성을 유의하여 구성하고, 모둠별로 앞과 같이 진행하여 발표하게 한다.

13. 내 마음이 이래요

1) 준비물

전지 켄트지, 물감, 붓, 평붓, 일회용 접시, 투명 테이프

2) 적용 대상 및 유형

유 · 아동, 청소년, 성인 / 개인

3) 적용 시기

초기, 중기

4) 목표

대형화지 페인팅 활동을 통해 무의식적 자기표현과 감정분출로 스트레스가 완화된다.

5) 작업 과정

① 벽면에 전지 켄트지를 1~2장 연결하여 붙인다.

② 최근의 스트레스 경험을 떠올린다.

③ 원하는 색 물감을 접시에 짜서 다양한 크기의 붓으로 자유롭게 그리고, 새로운 전지 켄트지에 2~3장 더 그릴 수도 있다.

④ 제목을 정하고 이야기 나눈다.

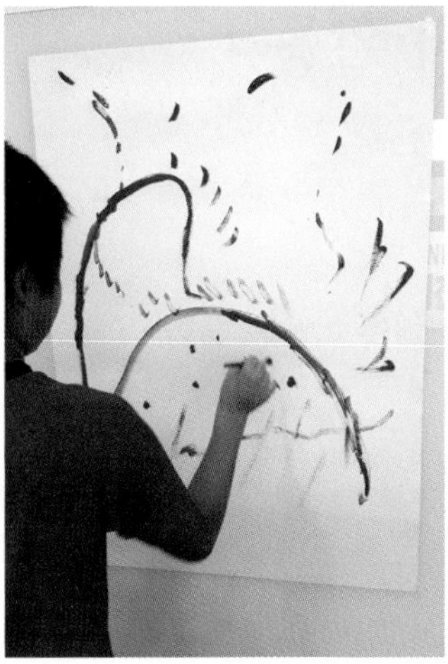

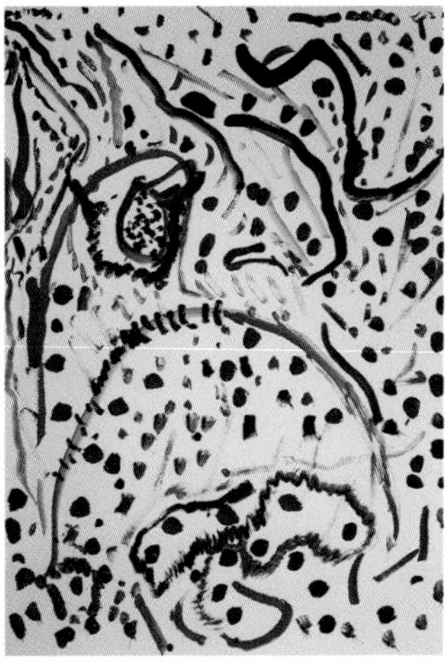

6) 치료사의 유의점

• 긴장이 높은 내담자는 처음부터 큰 화지를 준비하면 더 위축될 수 있으므로 화지 크기를 점차적으로 늘려 주는 것이 좋다.
• 현상학적 방법으로 작품과 거리를 두고 관찰한 후 그 내용과 이미지가 갖는 상징에 대해 이야기 나눈다.

7) 변형 기법

• 전지 켄트지 대신 광목에 대형벽화 작업을 할 수 있다.
• 완성된 작품을 찢은 후 새로운 켄트지에 재구성할 수 있다.

14. 신문지 활동 1

1) 준비물

신문지, 일회용 비닐봉투, 색 절연 테이프, 경쾌하고 빠른 음악

2) 적용 대상 및 유형

유 · 아동, 청소년, 성인 / 집단

3) 적용 시기

초기, 중기

4) 목표

신체적 움직임을 통해 심리적 자유로움을 경험하고 감정분출과 스트레스 해소를 돕는다.

5) 작업 과정

① 집단원이 둥글게 모여 음악에 맞춰 간단한 몸 풀기 활동을 한다.

② 바닥에 앉아 경쾌하고 빠른 템포의 음악에 맞춰 신문지를 찢는다.

③ 화나는 상황을 떠올리며 욕이나 미운 말을 해도 좋다.

④ 찢은 신문지를 수북하게 쌓아 놓고 양손으로 들어 올려 뿌리기 놀이나 신문지 속으로 숨기 놀이를 한다.

⑤ 놀이가 끝나면 일회용 비닐봉지에 신문지를 눌러 담은 후 색 절연 테이프로 감아 색깔 공을 여러 개 만든다.

⑥ 전지에 화난 상황을 떠올리며 스트레스를 그림이나 글로 적는다.

⑦ 공을 전지에 던지며 분출 놀이를 한다.

⑧ 소감을 나눈다.

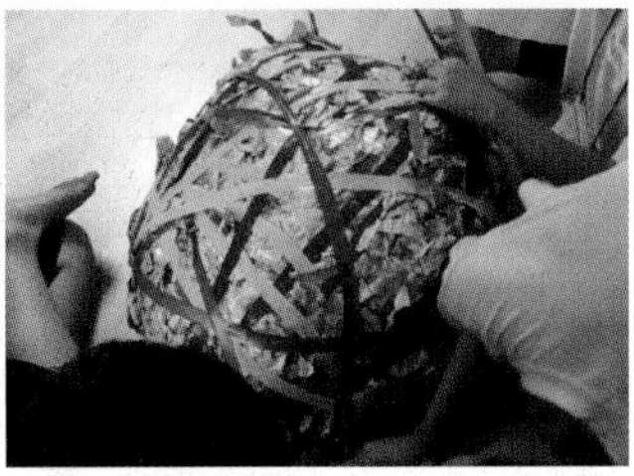

6) 치료사의 유의점

감정분출이 극대화되었을 때 집단원을 향한 공격성이 나올 수 있으므로 주의하여야 한다.

7) 변형 기법

- 노인집단일 경우에는 신문지 공을 만든 후 '공 주고받기 놀이'나 '공 전달 놀이'를 할 수 있다.
- 두 팀으로 나눠 적당한 거리에 골대(상자)를 만들어 놓고 신문지 공 골인시키기 게임을 진행할 수 있다.

15. 신문지 활동 2

1) 준비물

신문지, 박스 테이프, 크레용, 매트

2) 적용 대상 및 유형

유 · 아동, 청소년 / 집단

3) 적용 시기

초기, 중기

4) 목표

신체적 움직임을 통해 심리적 자유로움을 경험하고 감정분출과 스트레스 해소를 돕는다.

5) 작업 과정

① 자신을 짜증 나게 하는 일, 스트레스, 화나는 것들에 대해 이야기한다.

② 신문지에 낙서와 함께 화나는 감정을 적는다.

③ 신문지 찢기를 하고 짝과 격파 놀이도 한다.

④ 찢어진 신문지를 이용해 무덤을 만들고 무덤 속에서 박차며 일어나는 퍼포먼스를 한다.

⑤ 치료실 좌우 벽에서 5~10개의 긴 테이프 줄을 만들어 지그재그로 고정한다.

⑥ 찢어진 신문지를 테이프에 던지기 놀이를 하며 달라붙도록 한다.

⑦ 정글 숲을 연상하며 술래잡기 놀이를 한다.

⑧ 소감을 나누고 정리한다.

6) 치료사의 유의점

• 집단원 수에 맞춰 공간 크기를 고려한다.
• 좌우 벽에 테이프를 고정할 때 떨어지지 않도록 유의한다.
• 바닥에 매트가 깔려 있으면 놀이할 때 완충효과가 있어 더 안전하게 활동할 수 있다.

7) 변형 기법

• 보물찾기: 찢어 놓은 신문지에 사탕이나 선물이 적혀 있는 쪽지 등을 섞고 보물찾기 게임으로 진행할 수 있다.

16. 신문지 활동 3

1) 준비물

신문지, 스타킹, 접착시트지, 투명 테이프, 가위, 스티커(인형 눈, 기타), 비닐봉지

2) 적용 대상 및 유형

유 · 아동 / 개인, 집단

3) 적용 시기

초기, 중기

4) 목표

신체적 움직임을 통해 심리적 자유로움을 경험하고 감정분출과 스트레스 해소를 돕는다. 나아가 창의적 표현 경험은 긍정적 에너지의 전환을 가져온다.

5) 작업 과정

① 신문지를 길게 말아서 말 타기 게임을 한다(집단일 경우 두 팀으로 나누어 반환점을 돌아오는 게임을 한다).

② 신문지 찢기를 하고 짝과 격파 놀이도 한다.

③ 찢은 신문지를 이용해 무덤을 만들고 무덤 속에서 박차며 일어나는 퍼포먼스를 한다.

④ 스타킹 속에 찢은 신문지 조각을 가득 채운다.

⑤ 연상되는 형태로 손으로 변형시켜 가며 매듭을 짓는다.

⑥ 꾸미기 재료를 이용하여 형태를 완성한다.

⑦ 제목을 붙이고 작품을 소개한다.

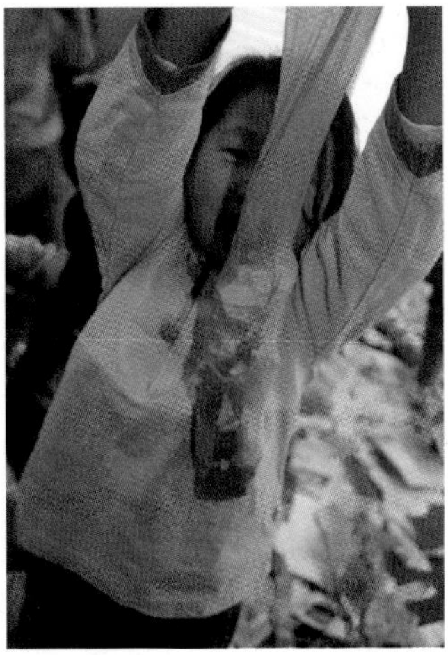

6) 치료사의 유의점

- 스타킹의 길이를 다양하게 준비하면 좋다.
- 스타킹에 넣고 남은 신문지는 두 팀으로 나눠 큰 비닐봉지에 담고 게임을 할 수 있다.

17. 조각난 스트레스

1) 준비물

원단 우드락, 유성매직, 이쑤시개, 가위, 목공풀

2) 적용 대상 및 유형

유 · 아동, 청소년 / 개인, 집단

3) 적용 시기

초기, 중기

4) 목표

신체적 움직임을 통해 심리적 자유로움을 경험하고 감정분출과 스트레스 해소를 돕는다. 나아가 창의적 표현 경험은 긍정적 에너지의 전환을 가져온다.

5) 작업 과정

① 최근 기분과 스트레스에 대해 생각해 본다.

② 우드락에 스트레스를 글과 그림으로 표현한 후 이야기 나눈다.

③ ②를 격파하기, 쪼개기, 밟기 등의 활동을 통해 감정을 분출한다.

④ 우드락 조각을 이용하여 각자 떠오르는 것을 자유롭게 만든다.

⑤ 제목을 정하고 작품을 소개한다.

6) 치료사의 유의점

- 소리에 예민한 내담자는 우드락 격파 시 두려움을 느낄 수 있으므로 주의한다.
- 내담자가 우드락 격파 시 치료사는 활동의 촉진자 역할을 한다.

7) 변형 기법

- 조각난 우드락을 이쑤시개로 연결하며 탑이나 성 쌓기 게임으로 진행할 수 있다.
- 조각난 우드락을 10개 정도 선택한 후 스트레스를 유발시키는 단어를 적고 색 끈으로 연결하여 스토리텔링한다.

18. 사라지는 스트레스

1) 준비물

원단 우드락, 유성매직, 수성매직(보드마카), 분무기(물총 또는 물티슈)

2) 적용 대상 및 유형

유 · 아동, 청소년 / 개인, 집단

3) 적용 시기

중기

4) 목표

감정표현으로 자신을 이해하고 스트레스를 분출함으로써 카타르시스를 경험한다.

5) 작업 과정

① 나에게 '스트레스가 되는 것'을 우드락에 수성매직으로 적거나 그린다.

② 나에게 '힘을 주는 것'을 우드락에 유성매직으로 적거나 그린다.

③ 자신이 표현한 내용에 대해 이야기 나눈다.

④ 스트레스는 분무기를 이용하여 지우는 퍼포먼스를 한다.

⑤ 우드락에 남아 있는 내용을 보며 연상되는 것을 떠올리고 작품을 완성한다.

⑥ 제목을 정하고 이야기 나눈다.

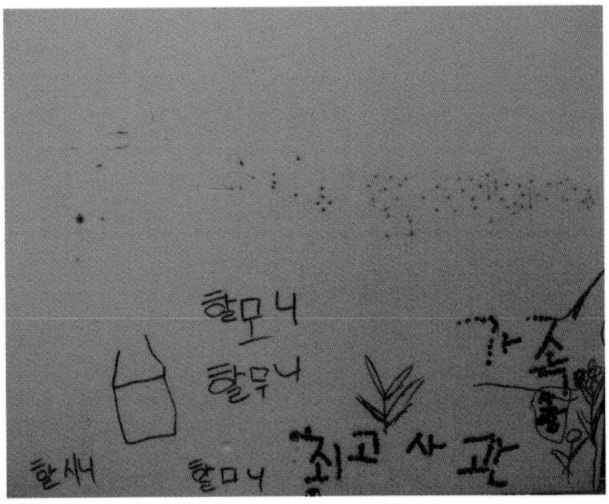

6) 치료사의 유의점

- 우드락의 크기는 내담자가 선택하도록 한다.
- 물을 사용하기 힘든 작업환경일 경우에는 분무기 대신 물티슈를 이용한다.
- 분무기나 물총을 이용하여 지우기 활동을 할 때, 놀이처럼 즐겁게 진행할 수 있도록 한다.

7) 변형 기법

벽에 대형 비닐을 설치하고 물감으로 스트레스를 표현한 후 물총(분무기)을 쏘아 가면서 스트레스를 지우는 활동을 할 수 있다.

19. 스트라이크

1) 준비물

캔, 집착시트지, 가위, 매직, 공

2) 적용 대상 및 유형

유 · 아동 / 집단

3) 적용 시기

초기, 중기

4) 목표

신체적 움직임을 통해 감정을 분출하고 구체적인 스트레스 해소 방법에 대해 다양한 시각으로 바라봄으로써 문제해결 능력을 돕는다.

5) 작업 과정

① 최근 스트레스 받고 있는 상황에 대해 이야기 나눈다.

② 시트지에 스트레스 상황을 적어 캔에 붙이고 꾸민다.

③ 스트레스가 적힌 캔을 쌓고 집단원이 함께 볼링게임을 한다.

④ 넘어뜨린 캔 중 스트레스 내용 한 가지를 선택하여 큰 소리로 읽는다.

⑤ 자신이 선택한 스트레스 내용을 소개하고 자신의 스트레스 해소 방법에 대해 간단히 이야기한다.

⑥ 몇 차례 반복하여 캔을 많이 넘어뜨린 사람이 승리한다.

6) 치료사의 유의점

- 캔을 모두 넘어뜨린 사람은 스트라이크를 크게 외쳐 스트레스 분출을 도울 수 있다.
- 캔의 충격강도를 고려하여 캔의 무게와 공의 종류(크기, 소재)를 조절한다.

7) 변형 기법

스트레스가 아닌 올해의 목표, 나의 버리고 싶은 습관 등과 같이 주제를 바꿔 진행할 수 있다.

20. 풍선 퍼포먼스

1) 준비물

8절 켄트지, 풍선, 유성매직, 사인펜, 파스텔, 목공풀, 꾸미기 재료

2) 적용 대상 및 유형

유・아동, 청소년, 성인 / 개인, 집단

3) 적용 시기

중기

4) 목표

감정표현으로 자신을 이해하고 스트레스를 분출함으로써 카타르시스를 경험한다. 나아가 창의적 표현 경험은 긍정적 에너지의 전환을 가져온다.

5) 작업 과정

① 자신이 좋아하는 색깔의 풍선을 분다.

② 신나는 음악에 맞춰 풍선을 들어 올리기, 주고받기 등의 놀이를 한다.

③ 풍선에 자신의 스트레스 상황을 표현한다.

④ 자신의 스트레스에 대해 이야기를 나눈다.

⑤ 자신의 풍선을 어떻게 터뜨리고 싶은지 그 방법에 대해 이야기 나누고 터뜨린다.

⑥ 터진 조각 풍선을 모아 화지에 재구성한다.

⑦ ⑥에 다양한 채색도구와 꾸미기 재료를 이용해 연상되는 것을 표현한다.

⑧ 제목을 정하고 이야기 나눈다.

6) 치료사의 유의점

- 풍선을 가지고 충분히 놀이를 통해 워밍업을 한다.
- 풍선 터지는 것을 두려워하는 내담자가 있을 수 있으므로 유의하여야 한다.

7) 변형 기법

집단활동에서 풍선 콜라주 작업을 협동으로 진행할 수 있다.

21. 점토 활동

1) 준비물

점토(무른 점토), 전지 켄트지, 비닐, 투명 테이프, 크레파스

2) 적용 대상 및 유형

유 · 아동, 청소년 / 개인

3) 적용 시기

중기

4) 목표

신체적 움직임을 통해 심리적 자유로움을 경험하고 감정분출과 스트레스 해소를 돕는다. 나아가 창의적 표현 경험은 긍정적 에너지의 전환을 가져온다.

5) 작업 과정

① 한쪽 벽면에 비닐을 붙이고 전지 켄트지 두 장을 이어 붙여 준비한다.

② 전지 켄트지에 스트레스 상황이나 미운 사람을 그린다.

③ 점토를 떼어 책상 위에 올려 놓고 자유롭게 탐색한다(두드리기, 치기, 밀기, 자르기, 찌르기, 누르기 등).

④ 켄트지와 적절한 거리를 두고 점토를 떼어 스트레스 상황을 향해 던진다.

⑤ 던졌던 흙덩어리를 하나로 모으고 떠오르는 것을 만들도록 한다.

⑥ 작품의 제목을 정하고 이야기 나눈다.

6) 치료사의 유의점

- 치료사는 던지기 활동에서 자연스럽게 하고 싶은 말(미워, 싫어, 꺼져 버려 등)을 표현하도록 하여 발산을 유도한다.
- 산만하고 충동적인 내담자는 미리 규칙을 정하고 활동을 시작해야 한다.

7) 변형 기법

벽면에 붙인 전지에 점수과녁판을 만들어 게임처럼 진행할 수도 있다.

22. 국수 활동 1

1) 준비물

국수, 페트병, 플라스틱통, 종이, 호일, 스테인리스 대야, 고무 대야, 우드락, 물감, 붓, 꾸미기 재료

2) 적용 대상 및 유형

유·아동 / 개인, 집단

3) 적용 시기

초기, 중기

4) 목표

흥미로운 매체를 이용하여 청각과 촉각 경험을 통해 신체적·심리적 이완을 돕고 스트레스 완화에 도움을 준다.

5) 작업 과정

① 국수를 한 움큼씩 쥐어 대야에 던지듯 넣는다(국수끼리 엇갈리며 높이 쌓인다).

② 국수를 양손으로 탐색한다(누르기, 부수기, 끊기 등).

③ 소리에 집중하여 탐색한다(종이, 호일, 우드락, 스테인리스 대야, 고무 대야 등에 떨어뜨린다).

④ 부순 국수를 페트병이나 플라스틱 통에 담아 흔들어 본다.

⑤ 부순 국수에 물을 조금씩 넣으며 국수를 반죽한다.

⑥ 2~3가지 색을 선택하여 색깔 반죽을 한 후 떠오르는 형태를 만든다.

⑦ 우드락 판에 올리고 물감을 칠하거나 꾸미기 재료들로 꾸며 준다.

⑧ 제목을 정하고 이야기 나눈다.

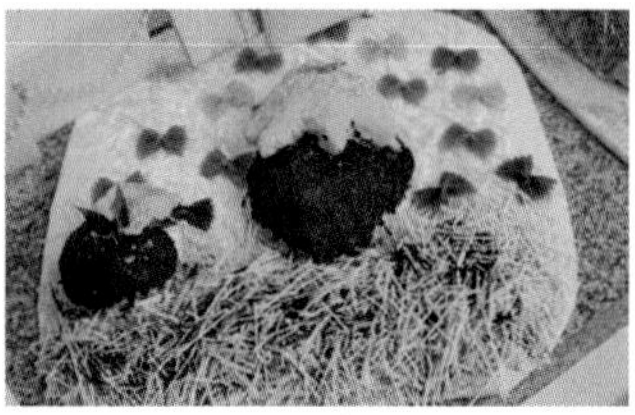

6) 치료사의 유의점

- 국수를 볼에 던질 때 거리감을 두고 위에서 던지듯이 떨어뜨리면 국수 탑이 만들어져 흥미롭다.
- 집단활동 시에는 큰 고무 대야를 준비하여 집단원이 함께 국수 쌓기와 밟기 놀이를 하면, 집단역동이 극대화되고 스트레스 발산에 더욱 효과적이다.

23. 국수 활동 2

1) 준비물

국수, 컬러 시트지, 스테인리스 대야, 김장용 비닐(돗자리), 종이컵, 페트병, 투명 테이프, 경쾌한 음악

2) 적용 대상 및 유형

유·아동 / 집단

3) 적용 시기

초기, 중기

4) 목표

흥미로운 매체를 이용하여 청각과 촉각 경험을 통해 신체적·심리적 이완을 돕고 스트레스 완화에 도움을 준다.

5) 작업 과정

① 소집단별 스테인리스 대야를 준비하고 국수 쌓기 놀이를 한다.

② 국수를 양손으로 탐색한다(누르기, 부수기, 끊기 등).

③ 깔아 놓은 비닐바닥에 부순 국수를 쏟는다.

④ 온몸으로 국수 탐색놀이를 한다(뿌리기, 뒹굴기, 밟기 등).

⑤ 다양한 도구를 이용해 탐색놀이를 한다(종이컵, 페트병).

⑥ 컬러 시트지를 이용해 바닥의 국수를 찍어 내고 탐색한다.

⑦ 찍어 낸 시트지를 벽이나 바닥에 전시한다.

⑧ 소감을 나눈다.

6) 치료사의 유의점

충동적이고 공격성이 높은 집단원의 경우 안전에 주의하여야 한다.

24. 먹물 스크래치

1) 준비물

4절 켄트지, 먹물, 나무젓가락, 크레용, 파스텔, 사인펜, 꾸미기 재료

2) 적용 대상 및 유형

아동, 청소년, 성인, 노인 / 개인, 집단

3) 적용 시기

중기

4) 목표

먹물 매체가 갖는 흥미를 통해 긴장을 이완하고, 감정표현을 함으로써 스트레스를 해소한다.

5) 작업 과정

① 화났을 때, 짜증 날 때를 생각해 본다.

② 나무젓가락을 부러뜨린 후 뾰족한 면에 먹물을 묻혀 켄트지에 난화를 한다.

③ 난화를 하며 자연스럽게 떠오르는 형태를 그린다.

④ 먹물이 마른 후 크레용, 파스텔, 사인펜, 꾸미기 재료 등으로 그리거나 꾸민다.

⑤ 난화를 할 때 느낌과 그림 내용에 대해 이야기 나눈다.

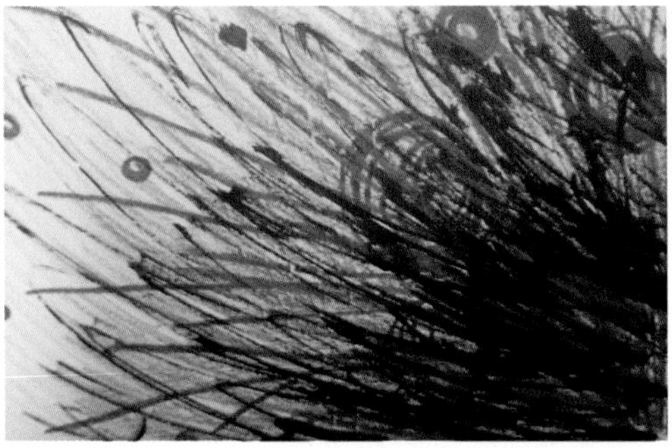

6) 치료사의 유의점

먹물을 떨어뜨리고 난화를 할 때 옷이나 책상에 튈 수 있으므로 주의한다.

7) 변형 기법

나무젓가락에 다양한 끈 종류(털실, 모루, 지끈, 면봉, 마끈, 빵끈 등)로 감아 고정한 후 자신만의 붓을 만들어서 난화를 표현함으로써 심리적 이완과 흥미를 촉진하여 스트레스를 분출한다.

제5장

대인관계

1. 나의 관계망

1) 준비물

4절 켄트지, 색연필, 사인펜

2) 적용 대상 및 유형

아동, 청소년, 성인 / 개인

3) 적용 시기

초기, 중기

4) 목표

대인관계 패턴을 탐색하고 구분하여 사회적인 관계망을 재정립한다.

5) 작업 과정

① 4절 켄트지 위에 내담자를 중심으로 미시체계와 중간체계, 외체계를 구분한 원을 그리게 한다.

② ①에 자신과 관계된 사람들을 적어 보게 한다. 인물들과 나의 관계를 색으로 표현하게 한다(친밀한 사람, 평범한 관계, 적대적인 사람, 피하고 싶은 사람, 친하고 싶은 사람 등).

③ 그림을 보며 내담자가 맺고 있는 관계 패턴을 살펴보고 이야기 나눈다.

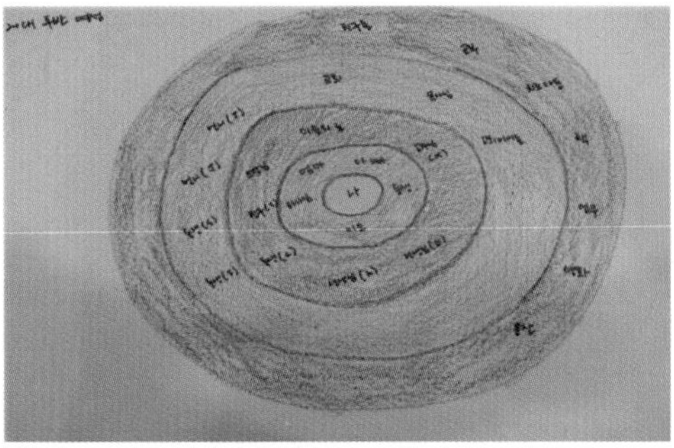

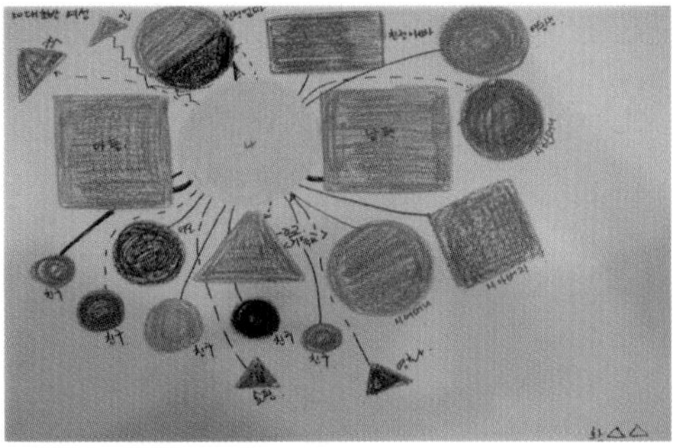

6) 치료사의 유의점

관계망 그림에서 내담자가 미처 발견하지 못한 관계 패턴을 탐색하게 하는 것이 중요하다.

7) 변형 기법

- 카툰 관계망: 관계망 그림을 도형이 아닌 카툰 형식의 인물화를 이용해서 작업할 수 있는데, 이는 좀 더 밀접한 관계를 맺고 있는 인물들과의 관계를 살피는 데 도움이 된다. 미리 오려 둔 둥근 종이들에 자신을 포함한 자신의 주변 사람들(가족, 친구, 자주 만나는 인물들) 각각의 특징을 잡아 그려 보게 한다. 4절지 위에 자신을 중심으로 인물들을 배치하고 색연필 또는 사인펜으로 서로 연관된 관계를 친밀도에 따라 선을 그어 보게 한 후, 관계 패턴을 탐색한다.

2. 가족 조각상

1) 준비물

지점토 혹은 아이클레이, 우드락, 아크릴물감, 붓, 팔레트

2) 적용 대상 및 유형

아동, 청소년, 성인 / 개인

3) 적용 시기

중기

4) 목표

내담자가 지각하고 있는 가족상을 입체적으로 표현함으로써 가족구조의 역동성을 좀 더 탐색할 수 있다.

5) 작업 과정

① 나의 가족에 대해 이야기 나눈다(가족 구성원, 특성).

② 점토로 가족을 만들고 우드락 판(또는 하드지) 위에 배치한다.

③ 배치를 마친 후, 잠시 바라보게 한다.

④ '무엇이 느껴지는가?' '어떤 감정이 떠오르는가?' '누가 가장 눈에 띄는가?' '나는 어디에 있는가?' 등 자연스럽게 구성 및 감정, 내용들에 대해 이야기 나눈다.

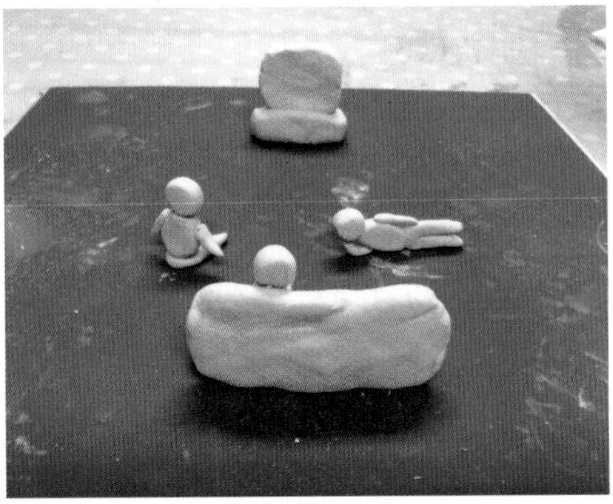

6) 치료사의 유의점

- 가족을 재배치시켜 봄으로써 사고의 전환을 가져오도록 하고 미처 발견하지 못했던 가족관계를 재인식할 수 있다.
- 사람의 형태를 어려워하는 내담자의 경우, 어떤 상징물로 대체하여 만들어 볼 수 있다. 경우에 따라서는 컬러링을 통해 그 대상자의 느낌을 표현할 수 있다.

3. 물감 공 게임

1) 준비물

포스터물감(혹은 수채물감), 테니스 공, 일회용 국그릇, 전지 켄트지, 유성매직, 크레파스, 스카치테이프

2) 적용 대상 및 유형

아동, 청소년, 성인 / 집단

3) 적용 시기

중기

4) 프로그램 필요성

억압된 내적 심리 촉진을 통해 상호작용의 역동성을 불러일으킨다.

5) 작업 과정

① 다음과 같이 준비한다.
  전지 켄트지 두 장을 붙인 후 가장자리 4면을 7cm가량 접고 스카치테이프로 고정한다. 여기에 축구장과 같이 중앙선을 그리고 좌우 양쪽에 골대를 그려 준비한다.

② 한 팀에 3~4명으로 두 팀을 구성한 후, 각 팀이 원하는 물감의 색상을 3가지 정도 선택한다.

③ 선택한 색상의 물감을 일회용 국그릇에 덜고 물을 조금 섞어 준비한다.

④ ③에 테니스공을 한 개씩 넣는다.

⑤ 경기 규칙을 설명한다.

- 경기 규칙: 시작점에서 자신의 팀 공을 굴려 상대방 팀의 공을 경기장 밖으로 아웃시키면 이기는 경기이다. 경기장 안에 마지막까지 공이 남은 팀이 승리한다. 다만,

벽을 맞고 튕겨 다시 들어온 경우에는 아웃이 아니며, 경기 횟수는 시간 및 집단 크기에 따라 다르게 할 수 있다.

⑥ 경기장 내에 그려진 여러 색상의 선들을 보며 다양한 이미지를 떠올려 보고, 두 팀이 하나가 되어 크레파스와 물감 등으로 완성한 후 제목을 짓는다.

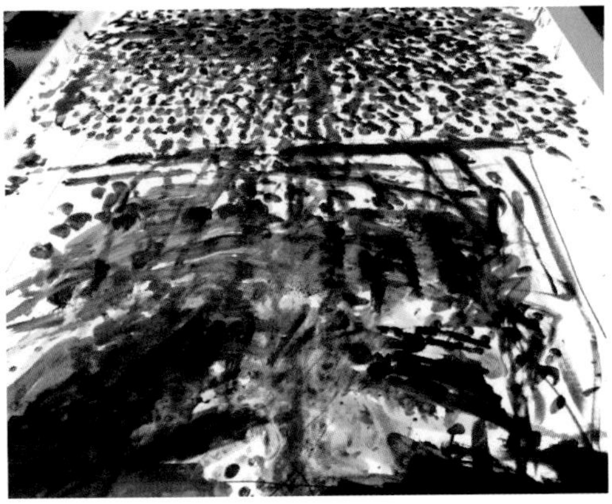

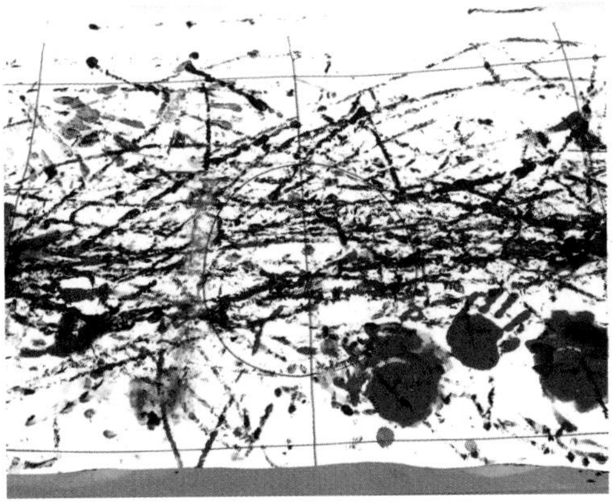

6) 치료사의 유의점

- 개인상담인 경우 치료사와 내담자가 1:1로 게임을 진행하며, 집단일 경우에는 집단 규모에 따라 자유롭게 팀을 구성할 수 있다.
- 이 활동은 심리적인 역동이 크게 일어나는 만큼 집단원의 심리적 변화와 갈등을 주의 깊게 살펴보아야 한다. 소극적인 집단의 경우 치료사가 촉진자의 역할을 하는 것이 중요하고, 역동이 크게 일어나는 집단의 경우 치료사는 집단원들이 스스로 갈등을 해결할 수 있도록 이끌어 주는 중재자의 역할을 해야 한다.

4. 무언 카툰

1) 준비물

A4용지, 4B연필, 지우개, 사인펜, 색연필, 다양한 색상지, 가위, 풀

2) 적용 대상 및 유형

아동, 청소년, 성인 / 개인, 집단

3) 적용 시기

중기

4) 목표

자기표현 및 상호작용에 어려움이 있는 내담자에게 상호작용을 촉진시켜 줄 수 있다.

5) 작업 과정

① A4용지 한 장에 8~10개 정도의 칸을 그려 2~3장 준비한다.

② 두 명이 짝을 지어(개별활동에서는 치료사와 내담자) 가위바위보를 하여 그리는 순서를 정한다.

③ 칸마다 만화 그림을 두 사람이 번갈아 가며 그린 후, 앞에 그린 그림만 보고 의도를 유추하여 다음 장면을 그린다. 이때 반드시 서로 말을 해서는 안 된다.

④ 네 번째 칸이 되었을 때, 치료사는 한 가지 규칙을 다시 제시한다. 절대 결말이 부정적이거나 죽는 것으로 끝나서는 안 된다.

⑤ 카툰이 마무리되면 같이 표지를 만들고 제목을 정한다. 표지에 삽화를 그린 후, 지은이, 출판사명, 책의 가격까지 적게 한다.

⑥ 완성된 카툰집을 서로 나누어 보며 감상을 나눈다.

6) 치료사의 유의점

- 작업 과정 ④의 규칙은 아동과 청소년에게 매우 중요하다.
- 아동 및 청소년의 경우, 카툰을 그릴 때 장난스럽게 진행하거나 공격적인 면들이 나타나는 경우가 많다. 따라서 초반 시작 후 치료사가 적절하게 통제하는 것이 중요하다.

5. Family Book

1) 준비물

4절 켄트지, 색상지(16절), 가위, 풀, 사인펜, 색연필, 도일리페이퍼, 리본 끈, 꾸미기 재료 등

2) 적용 대상 및 유형

유·아동, 청소년, 성인 / 개인, 집단

3) 적용 시기

중기

4) 목표

가족 내 자신을 재지각하고 가족관계를 탐색하며 통찰하는 기회를 갖는다.

5) 작업 과정

① 4절 켄트지를 8등분하여 자른다.
② 첫 장에 자신의 집을 그리고 우리 집을 소개하는 글을 짧게 적도록 한다.
③ 두 번째 페이지는 아버지를 그리고 아버지에 대한 소개 글을 적는다.
④ 세 번째 페이지는 어머니를, 네 번째 페이지부터는 자신을 제외한 가족 구성원을 각각 그리고 소개 글을 적는다.
⑤ 가족 구성원을 다 그리고 난 후 자신을 그리고 자기소개 글을 적는다(우리 가족에게 나는 어떤 사람이고 어떤 역할을 하고 있는지 적는다).
⑥ 다른 한 장에 가족 전체를 그리고 우리 가족에 대한 종합적인 소개 글을 적는다.
⑦ 그린 순서대로 켄트지를 묶은 후 원하는 색상지로 표지를 만든다.
⑧ 도일리페이퍼를 붙여 그 위에 제목을 적고 스티커나 리본 등을 이용하여 꾸민다.

⑨ 자신의 책을 소개하고 소감을 나눈다.

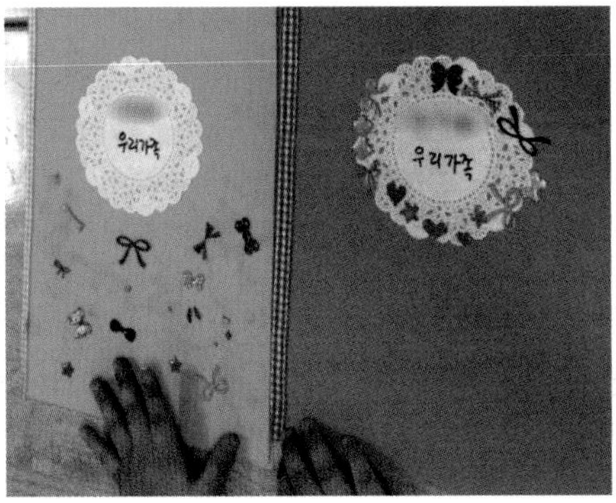

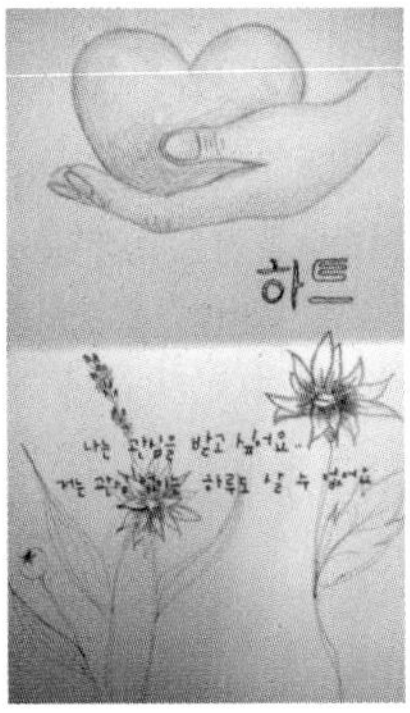

6) 치료사의 유의점

내담자의 연령과 발달에 따라 자신의 가족 구성원을 소개하는 것이 어려울 수 있으므로 '우리 엄마는 (   )이다'와 같이 치료사가 글을 적어 괄호 넣기로 진행하는 것도 좋다.

6. 함께하는 나무

1) 준비물

전지 켄트지 2장, 스카치테이프, 크레파스, 물감, 유성매직 12색, 폼 클레이 여러 색, 접착메모지

2) 적용 대상 및 유형

유 · 아동, 청소년, 성인 / 집단

3) 적용 시기

중기, 종결기

4) 목표

상징적 자아상을 통하여 내적 힘을 성장시키고 집단의 의사소통을 통하여 상호작용을 촉진한다.

5) 작업 과정

① 치료사는 전지 두 장을 가로로 이어 붙여 준비한다.

② 집단을 의미하는 나무에 대해 상의하도록 한다(종류, 나이, 크기, 위치).

③ ①에 집단의 나무 한 그루를 그리고 꾸미게 한다.

"이 나무는 세상에 하나뿐인 아주 특별한 나무입니다. 여러분이 함께 특별한 나무를 표현해 보세요. 나무를 그릴 때의 규칙은 서로 역할을 분담하고 함께 의논하면서 작업하여야 한다는 것입니다."

④ 완성된 나무는 벽에 전시하고 집단원이 함께 나무의 이름을 정하게 한다.

⑤ 나무에게 해 주고 싶은 응원 메시지를 접착메모지에 적어 나무에 붙인다.

⑥ 나무를 작업하는 동안의 느낀 점에 대해 이야기한다(서로 의견을 조율하는 과정에 대해

초점을 두고 이야기하도록 한다).

6) 치료사의 유의점

소외된 집단원이 생기지 않고 집단활동에서 자신의 역할을 인식하고 소속감을 느낄 수 있도록 세심하게 주의를 기울여야 한다.

7. 무인도

1) 준비물

찰흙(혹은 도자기용 흙), 우드락 판(파랑색), 자연매체(돌, 나무, 조개껍질 등), 수채물감, 붓, 팔레트

2) 적용 대상 및 유형

유 · 아동, 청소년, 성인 / 집단

3) 적용 시기

중기, 종결기

4) 목표

위기상황 설정을 통하여 집단원의 의사소통과 응집력을 촉진한다.

5) 작업 과정

① 집단원이 눈을 감고 치료사의 내레이션에 따라 이미지를 그려 보게 한다.
"여러분이 탄 배가 갑자기 풍랑을 만나 난파하고 말았습니다. 한참을 지나 눈을 떠 보니, 어느 무인도 해변에 쓰러져 있습니다. 여러분은 구조를 받을 때까지 이 섬에서 생활을 해야 합니다. 지금부터 이 무인도를 여러분이 살기 좋은 곳으로 만들어 보세요."

② 집단원이 함께 우드락 판이 바다라고 연상하고 그 위에 흙과 여러 부재료를 이용하여 섬을 만들도록 한다.

③ 구체적인 구조물이 완성되면 물감으로 채색한다.

④ 섬의 이름을 상의하여 정하고, 섬을 만들며 느낀 점에 대해 이야기 나눈다.

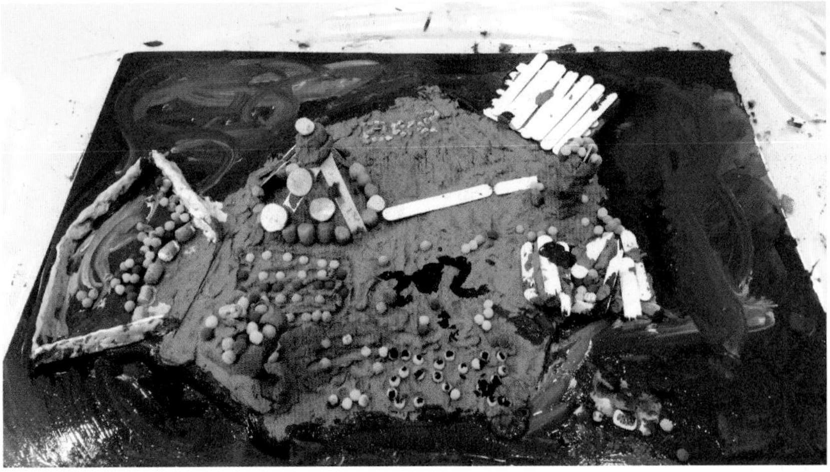

6) 치료사의 유의점

소외된 집단원이 생기지 않고 집단활동에서 자신의 역할을 인식하고 소속감을 느낄 수 있도록 세심하게 주의를 기울여야 한다.

8. 별난 가족화

1) 준비물

우드락, OHP 필름, 유성매직, 아크릴물감, 면봉, 일회용 알코올 거즈(혹은 물파스), 우드락 본드, 꾸미기 재료

2) 적용 대상 및 유형

아동, 청소년, 성인 / 가족, 집단

3) 적용 시기

초기, 중기, 종결기

4) 목표

가족 간 스킨십을 통해 친밀감을 형성하고 가족 간 상호작용으로 서로에 대한 이해와 소통의 경험을 가져온다.

5) 작업 과정

① 부모와 자녀가 서로 짝이 되어 서로의 얼굴에 OHP 필름을 대고 유성매직으로 얼굴의 특징을 살려 그린다.

② 역할을 바꿔 그린다.

③ 스케치된 OHP 필름을 뒤집어 아크릴물감으로 색칠한다(그린 사람이 색칠한다).

④ 물감이 칠한 면을 우드락에 붙여 고정한다(가족과 상의하여 얼굴을 붙일 위치를 상의한다).

⑤ 우드락에 나머지 자신의 신체를 그리고 꾸민다.

⑥ 가족 구성원에 대한 느낌 나누기를 한다.

⑦ 가족에게 하고 싶은 말을 적거나 주고 싶은 선물을 그리는 시간을 갖는다.

⑧ 가족이 의논하여 가족화의 제목을 적어 넣고 구호를 외친다.

6) 치료사의 유의점

- 매직을 수정할 때에는 일회용 알코올 거즈(혹은 물파스)를 이용하면 용이하다.
- 작품이 익살스럽게 나올 수 있다는 것을 미리 안내하면 완성에 대한 부담감을 줄일 수 있다.

7) 변형 기법

- 서로의 친밀감이나 유대관계 증진이 필요한 내담자에게 활용하면 좋다(부부, 집단활동).
- 가족신문의 형태로 자신의 가족을 다양하게 소개할 수 있다.

9. 엽서 콜라주

1) 준비물

8절 색상지, 16절 켄트지, 사인펜, 색연필, 잡지, 가위, 딱풀, 조용한 음악

2) 적용 대상 및 유형

청소년, 성인 / 집단

3) 적용 시기

중기

4) 목표

집단원 간 공감과 지지받는 경험을 나눔으로써 정서적 안정감과 관계성 향상을 촉진할 수 있다.

5) 작업 과정

① 오늘의 기분에 따라 8절 색상지의 색상을 선택하도록 한다.
② 색상지의 중앙에 16절 켄트지를 붙인다.
③ 요즘 기분이나 마음을 반영하는 이미지를 잡지에서 찾아 16절 켄트지에 오려 붙인다.
④ 두 사람이 짝이 되어 화지를 교환하고 마음을 느껴 본다.
⑤ 그 마음을 위로하고 격려해 줄 수 있는 이미지를 잡지에서 찾아 오려 붙이고 그림이나 메시지를 추가해 꾸민다.
⑥ 자신의 작품을 바라보며 어떤 기분을 표현한 것인지 이야기하고, 짝은 어떤 마음을 느끼고 표현한 것인지 이야기를 나눈다.

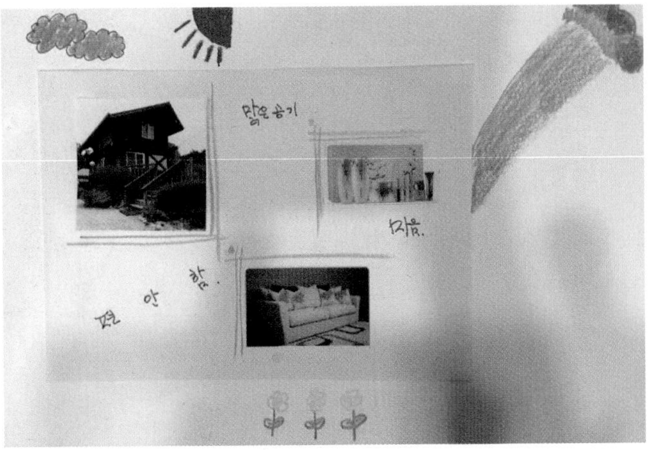

6) 치료사의 유의점

진행 과정에서 조용한 배경음악과 함께 묵언으로 진행하는 것이 상대방의 감정에 몰입하는 데 도움이 된다.

7) 변형 기법

잡지 대신 다양한 색 털실과 폼폼을 이용하여 앞과 같은 방법으로 진행할 수 있다.

10. 난화 집단놀이

1) 준비물

전지 켄트지(팀별 1장씩), 4절 켄트지(1인 1장), 크레파스, 가위, 풀, 유성매직

2) 적용 대상 및 유형

아동, 청소년, 성인 / 집단

3) 적용 시기

초기, 중기

4) 목표

흥미로운 난화작업을 통해 심리적 이완을 촉진하고 나아가 집단원 간 상호소통을 통해 사회성을 증진한다.

5) 작업 과정

① 4절 켄트지에 개인별로 자유롭게 난화를 한 후 그림 속에서 숨은 이미지(형태)를 4~5개 찾아 색칠한다.

② 자신이 찾은 이미지를 가위로 오린다.

③ 집단(5명 정도)을 나눠 팀장을 정한다.

④ 벽에 팀별로 전지 켄트지를 붙인 후, 집단원이 찾은 이미지를 무작위로 붙인다.

⑤ 집단원이 상의하여 이미지의 주변을 꾸민다.

⑥ 그림의 내용을 스토리텔링하고 제목을 정한다.

⑦ 각 팀장이 앞으로 나와 발표한다.

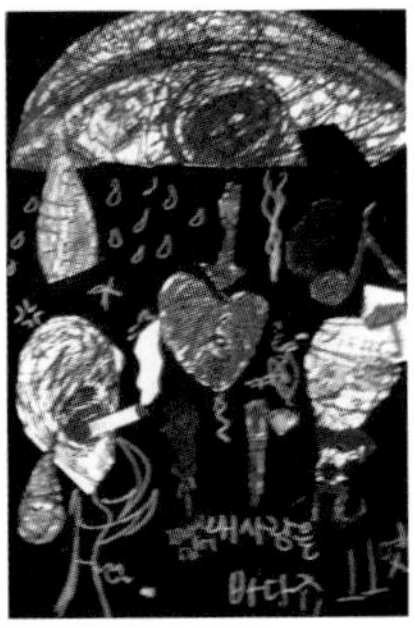

6) 치료사의 유의점

난화를 어려워하는 내담자에게는 치료사가 허공에 난화를 시연한 후 종이 위에 난화를 실시한다.

7) 변형 기법

- 스토리텔링 무언극: 앞의 스토리텔링 내용을 바탕으로 무언극을 진행할 수 있는데, 준비하는 과정에서 집단의 역동성과 응집력이 높아진다. 이때 치료사는 미리 음악을 준비하여야 하고, 다양한 색의 천이나 소품을 활용해 극을 구성할 수 있다. 극을 준비하는 시간은 5~10분 정도가 적당하며, 공연 시간은 3분을 넘어가지 않도록 하는 것이 좋다.

11. 땅따먹기 만다라

1) 준비물

전지 켄트지, 크레파스, 가위, 작은 돌멩이 또는 동전, 투명 테이프, 끈

2) 적용 대상 및 유형

아동, 청소년, 성인 / 집단

3) 적용 시기

초기, 중기

4) 목표

홍미로운 전래놀이를 통해 심리적 이완을 촉진하고 나아가 집단원 간 상호소통과 사회성을 증진한다.

5) 작업 과정

① 워밍업을 통해 4~6명 정도로 팀을 구성하고 팀장을 뽑는다.

② 팀별로 전지 켄트지에 큰 원을 그리고 오려 낸다(원을 그릴 때 끈을 활용하면 용이하다).

③ 개인별 한 가지 색상을 선택하고, 집단원이 가위바위보로 게임의 순서를 정한다.

③ 원의 가장자리에 말을 놓고 원 중심을 향해 말이 튕기고 튕겨 나간 지점까지 자신의 색으로 선을 그어 준다(말은 작은 돌멩이나 오백원 동전이 적절하다).

④ 집단원이 정해진 순서대로 5~6회 말을 튕기고 자신이 그었던 색의 선으로 연결시켜 이어 나간다.

⑤ 게임의 순서대로 자신의 색으로 둘러싸인 땅을 가위로 오려 가져온다.

⑥ 자신의 땅(종이)에 자유롭게 그림을 그린다.

⑦ 자신의 조각들을 가져와 본래의 큰 원으로 조각을 맞춘다.

⑧ 뒷면에서 투명 테이프로 조각을 연결하여 고정한다.

⑨ ⑧을 벽면에 붙이고 조각 그림을 연결하여 이야기의 내용을 구성하고 스토리텔링한다.

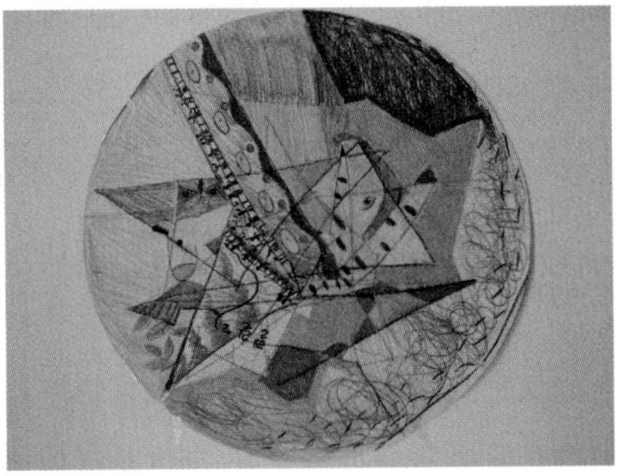

6) 치료사의 유의점

자신의 땅을 오려 가질 때 집단원 간의 종이 크기 차이가 심할 수 있는데, 치료사는 비슷한 땅의 크기를 가지도록 조율한다.

7) 변형 기법

- 스토리텔링 무언극: 앞의 스토리텔링 내용을 바탕으로 무언극을 진행할 수 있는데, 준비하는 과정에서 집단의 역동성과 응집력이 높아진다. 이때 치료사는 미리 음악을 준비하여야 하고 다양한 색의 천이나 소품을 활용해 극을 구성할 수 있다. 극을 준비하는 시간은 5~10분 정도가 적당하며, 공연 시간은 3분을 넘어가지 않도록 하는 것이 좋다.

12. 나와 타인

1) 준비물

켄트지(4절 또는 8절), 크레파스, 색연필, 파스텔, 음악(조용한 피아노곡)

2) 적용 대상 및 유형

청소년, 성인 / 집단

3) 적용 시기

초기, 중기

4) 목표

반영과 격려, 지지의 롤링기법으로 집단원 간의 상호작용을 통해 긍정적 자기정서와 치유를 가져온다.

5) 작업 과정

① 켄트지를 가로와 세로로 접어 4등분한 후 각 칸에 1에서 4까지 숫자를 적어 순서를 정한다.

② 눈을 감고 조용한 음악과 함께 잠시 지나간 하루를 정리해 보는 시간을 갖는다.

③ 1번 공간에 지금의 기분과 느낌을 선과 색으로 자유롭게 표현하게 한다.

④ ③이 끝난 후 그림을 우측 사람에게 넘기고, 2번 공간에 1번의 그림 내용을 반영하는 그림을 그리게 한다.

"주인공의 그림을 보니 무엇이 느껴지나요? 그림을 그린 사람의 지금 기분이 어떻게 다가오나요? 마음으로 그림을 읽어 주세요! 2번 공간에 주인공의 그림 내용을 '반영'하는 그림을 그려 주세요!"

⑤ 그리기가 모두 끝나면 또다시 우측 사람에게 그림을 넘기고, 3번 공간에 1번의 그림

을 지지하고 격려하는 그림을 그리게 한다.

"주인공의 그림을 보니 무엇이 느껴지나요? 그림을 그린 사람의 지금 기분이 어떻게 다가오나요? 마음으로 그림을 읽어 주세요! 3번 공간에 지지와 격려를 해 주는 '선물'의 그림을 그려 주세요!"

⑥ 그리기가 모두 끝나면 그림을 원래 주인공에게로 돌려준다.

⑦ 집단원이 그려 준 그림을 잠시 감상하고 느껴지는 현재 기분을 4번 공간에 그리게 한다.

⑧ 이야기 나누는 시간을 갖는다.

- 주인공이 자신의 그림을 보고 순서대로 자신의 기분, 기분을 반영하는 그림과 지지하고 격려하는 그림을 본 후 느낌, 변화된 자신의 기분에 대해 발표한다.
- 주인공 발표 후, 2, 3번 그림을 그려 준 사람이 주인공 그림에 대한 자신의 느낌을 얘기하고 자신이 그려 준 그림의 내용을 소개한다.

6) 치료사의 유의점

- 매 칸의 그리기가 끝나 갈 무렵 미리 "이제 1분 남았습니다."라고 이야기하여 마무리할 수 있도록 돕는다.
- 그리기 과정에서는 처음부터 끝까지 함묵으로 진행하도록 하며 음악 선곡이 중요하다.
- 그림으로 소통할 수 있는 힘을 발견하고, 타인으로부터 받게 된 긍정적인 정서변화를 인식할 수 있도록 돕는 것이 중요하다.

7) 변형 기법

- 돌려 만들기 1: 점토를 이용해서 앞과 같은 방법(오늘 기분 표현–반영–지지, 격려–마무리)으로 진행한다.
- 돌려 만들기 2: 주인공이 점토를 만지작거리다가 치료사가 신호를 보내면 자신이 만들던 활동을 중지하고 옆 사람에게 넘겨 이어 만들도록 한다. 이를 집단원 전체가 돌려 가며 이어 만들기를 한 후, 마지막 주인공에게 전달한다. 주인공은 '자신이 처음에 의도했던 형태와 변화된 작품'을 감상하며 느껴지는 것에 대해 이야기 나눈다.

13. 대형 우드락 만다라

1) 준비물

원단 우드락(4~6장을 미리 붙여 둠), 유성매직, 아크릴물감, 투명 테이프, 칼

2) 적용 대상 및 유형

아동, 청소년, 성인, 노인 / 집단

3) 적용 시기

중기, 후기

4) 목표

대형작업을 통해 집단원과의 활발한 상호작용을 유도하고 사회성을 향상시킨다.

5) 작업 과정

① 원단 우드락을 여러 장 연결하여 붙인 후 원형으로 잘라 미리 준비한다.

② 집단의 인원수대로 우드락을 조각내어 그 뒷면에 일련번호를 적는다(완성 후 벽면에 붙일 때의 순서가 됨).

③ 집단 구성원은 우드락 조각 한 장씩을 나눠 가지고 유성매직으로 자유롭게 그리고 색칠한다.

④ ③을 원 형태로 번호에 맞추어 붙인다.

⑤ 집단원이 제목을 정하고 이야기 나눈다.

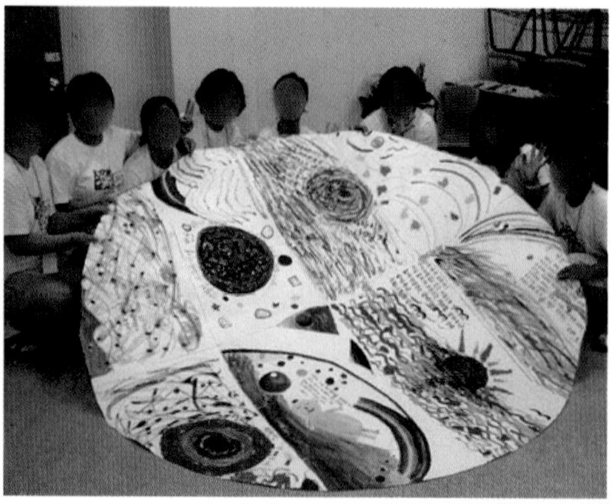

6) 치료사의 유의점

- 집단의 특성에 따라 미리 주제를 제시하는 것도 좋다.
- 우드락에 유성매직으로 그림을 그릴 때 번지는 것을 주의하여 색칠하도록 한다.
- 유성매직으로 본을 뜨고 아크릴물감으로 색칠할 수 있다.

7) 변형 기법

- 콜라주 만다라: 전지 켄트지 2~3장을 연결하여 큰 원형으로 오린다. 피자 조각 모양으로 집단의 인원수만큼 잘라 가지도록 한 후 다양한 재료를 이용해 자유롭게 표현하도록 한다. 다시 하나의 원형으로 연결하여 집단 만다라를 완성한다.
- 점토 만다라: 큰 우드락 원형 판을 인원수에 맞춰 피자 조각으로 잘라 1인 1조각씩 나눠 가지고 점토와 다양한 자연재료를 이용하여 자유롭게 꾸미기 작업을 한다. 개별작업을 마친 후 다시 하나의 원형으로 연결하여 집단 만다라를 완성한다.
- 사포지 만다라: 앞의 우드락 만다라와 같이 사포지에 크레파스로 그리기 작업을 하여 집단 만다라를 완성한다.

14. 힐링 메시지를 남겨요!

1) 준비물

다양한 점토, 켄트지(4절 또는 8절), 사인펜, 색연필, 접착메모지, 조용한 음악

2) 적용 대상 및 유형

아동, 청소년, 성인 / 집단

3) 적용 시기

중기, 후기

4) 목표

상징을 통해 개인을 이해하고 집단원과의 소통을 통해 자신을 재발견하는 기회를 가진다.

5) 작업 과정

① 점토로 자신을 상징하는 형태를 만들어 켄트지에 놓는다.

② 자신이 만든 상징에 대해 돌아가며 소개한다.

③ 자리에서 일어나 집단원의 작품을 감상하고, 전달하고 싶은 메시지를 접착메모지에 적어 켄트지 위에 붙여 준다.

④ ③의 진행이 끝나면 집단원에게 받은 메시지를 읽어 보고 자신에게 전하고 싶은 마음을 느끼는 시간을 갖는다.

6) 치료사의 유의점

프로그램의 전반에 조용한 음악을 활용하면 좀 더 깊은 공감과 감정표현에 도움이 된다.

7) 변형 기법

점토 대신 자연물이나 소품을 활용하여 자신의 상징을 표현하고, 앞과 같은 방법으로 메시지를 적어 주고 이야기 나눈다.

15. 나를 힘들게 하는 사람

1) 준비물

러시아 인형(마트료시카) 모형, 아크릴물감, 젯소, 붓, 팔레트, 인형 눈알, 글루건

2) 적용 대상 및 유형

아동, 청소년, 성인, 노인 / 개인

3) 적용 시기

초기, 중기

4) 목표

자신을 힘들게 하는 사람과 자신과의 관계를 객관적으로 조망하고, 인지적 통찰을 통해 사회적 소통의 방법을 이해한다.

5) 작업 과정

① 다양한 크기의 러시아 인형(마트료시카) 모형 중에서 자신과 자신을 힘들게 하는 사람을 각각 고른다.

② 고른 인형을 아크릴물감으로 색칠하고 꾸민다.

③ 완성된 자신과 자신을 힘들게 하는 사람의 러시아 인형(마트료시카) 모형을 마주 보게 세운 후 어떤 느낌이 드는지 이야기 나눈다.

④ 역할극을 통해 하고 싶은 말이나 감정을 표출하도록 한다.

6) 치료사의 유의점

- 역할극을 통해 상대방의 입장에서 자신을 통찰할 수 있도록 돕는 것이 중요하다.
- 러시아 인형(마트료시카) 모형에 젯소나 흰색 아크릴물감을 미리 칠해 두면 발색이 좋다.

7) 변형 기법

가족상담에서 가족 구성원이 인형 중 가족을 선택하여 꾸미고 가족에 대한 감정과 생각을 나눌 수 있도록 진행하면 가족에 대한 이해와 역동을 가져올 수 있다.

16. 함께하는 손

1) 준비물

캔버스(20호), 아크릴물감, 붓, 석고붕대, 일회용 접시, 가위, 글루건, 꾸미기 재료, 종이컵, 핸드로션, 드라이기

2) 적용 대상 및 유형

아동, 청소년, 성인, 노인 / 가족, 소집단

3) 적용 시기

초기, 중기, 종결기

4) 목표

신체적 접촉을 통해 친밀감을 촉진시키고 상호작용과 관계성을 향상시킨다.

5) 작업 과정

① 상대방의 손에 로션을 바르며 마사지해 준다.

② 집단원이 서로의 왼손을 겹친 후, 미리 잘라 준비한 석고붕대로 손을 본뜬다(손을 겹칠 때에 상대의 손등이 가려지지 않도록 주의한다).

③ 석고붕대가 마를 때까지 기다린 후 조심스럽게 분리한다.

④ 캔버스에 집단원이 함께 손바닥으로 물감을 찍어 배경을 채색한다.

⑤ 완성된 석고 손을 채색된 캔버스 위에 붙인다.

⑥ 석고 손과 배경을 꾸며 완성한다.

⑦ 집단원이 상의하여 제목을 정하고 소개한다.

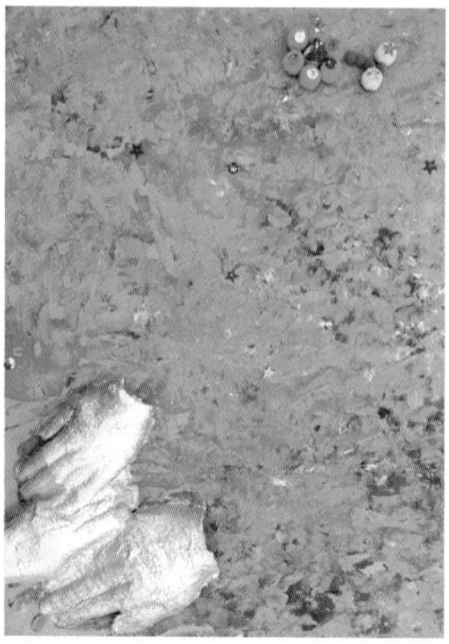

6) 치료사의 유의점

- 석고 손과 캔버스의 배경색이 마르는 데 시간을 필요로 한다(선풍기나 드라이기를 사용하면 마르는 시간이 단축된다).
- 아크릴물감은 굳으면 잘 지워지지 않는 특성이 있으므로 주의한다.

17. 가족모빌

1) 준비물

철 옷걸이, 털실, 마닐라지, 펀치, Y핀, 가위, 매직펜

2) 적용 대상 및 유형

유 · 아동, 청소년, 성인 / 개인, 집단

3) 적용 시기

중기

4) 목표

가족체계에 대한 이해를 한다.

5) 작업 과정

① 가족 구성원의 순위에 따른 크기에 대해 이야기 나눈다.

② 마닐라지에 가족 구성원의 모습을 크기에 따라 그리고 오린다.

③ 관절 부분을 펀치로 구멍을 내고 Y핀으로 고정하여 움직이게 한다.

④ 옷걸이에 털실을 감는다.

⑤ ③을 옷걸이에 걸어 모빌로 완성한다(가족 서열에 따라 배치한다).

⑥ 가족 구성원 한 명씩을 움직여 보게 한다.

⑦ 가족 구성원을 움직일 때마다 자신은 어떤 영향을 받는지, 가족 전체가 어떤 영향을 받는지에 대한 생각과 느낌을 이야기 나눈다.

6) 치료사의 유의점

- 가족치료 시 옷걸이에 가족 구성원을 털실로 묶어 고정시킬 때, 가족 내에서 문제가 되는 구성원의 모습을 중앙에 위치시켜 가족 구성원들의 지지를 받게 한다.
- 털실 길이를 조절하여 모빌의 전체 균형이 잡힐 수 있게 한다.

18. 패션쇼

1) 준비물

비닐 비옷, 다양한 모양과 색깔의 낙엽, 투명 테이프, 양면테이프, 빨간 천(로드카펫)

2) 적용 대상 및 유형

아동, 청소년, 성인 / 집단

3) 적용 시기

초기

4) 목표

집단 패션쇼를 통하여 흥미유발 및 집단원 간 친밀감을 형성한다.

5) 작업 과정

① 패션모델이 되어 보는 것에 대한 이야기를 나눈다.

② 비옷에 다양한 모양과 색깔의 낙엽을 이용하여 꾸민다.

③ 바닥에 빨간 천(로드카펫)을 깔아 준다.

④ 경쾌한 음악에 맞추어 패션모델의 포즈를 취하며 한 사람씩 로드카펫 위를 걷는다.

⑤ 자신이 만든 패션과 패션모델이 되어 본 것에 대한 느낌을 나눈다.

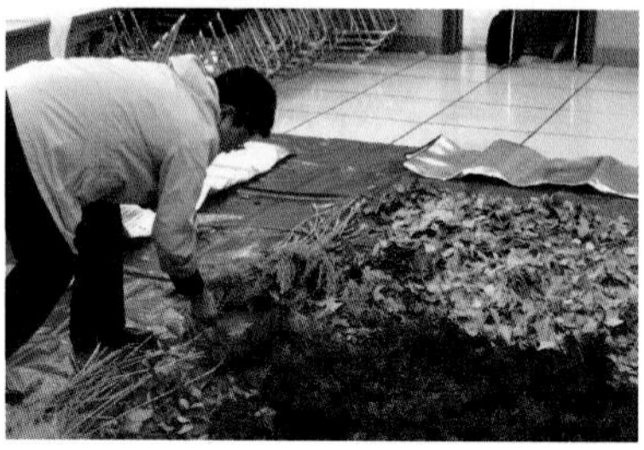

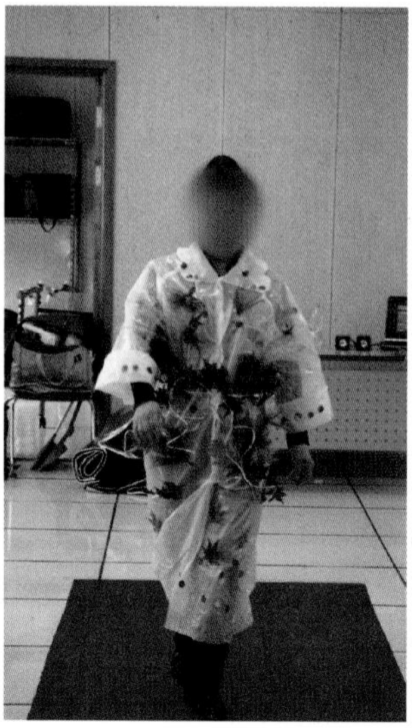

6) 치료사의 유의점

- 가을에 진행될 경우에는 낙엽을 이용하면 좋지만, 다른 계절일 경우에는 여러 가지 꾸미기 재료를 이용하여 비옷에 꾸밀 수 있다.
- 붉은색의 긴 천을 깔아 줌으로써 패션쇼의 기분을 상승시킬 수 있다.

7) 변형 기법

아세테이트지나 에코백을 이용하여 패션 가방을 만들어 패션쇼를 할 수 있다.

제6장

발달촉진

1. 입체 만다라

1) 준비물

백업 또는 마카로니, 컬러 원형 우드락, 연필, 우드락 본드, 끈, 꾸미기 재료

2) 적용 대상 및 유형

유 · 아동, 노인 / 개인

3) 적용 시기

중기, 종결기

4) 목표

흥미로운 매체를 통해 주의집중력 향상과 소근육 강화로 발달을 촉진한다.

5) 작업 과정

① 다양한 색상의 원형 우드락 중 하나를 선택한다.

② 연필로 만다라 밑그림을 그린다.

③ 우드락에 백업 또는 마카로니를 올려 구성하며 우드락 본드로 붙인다.

④ 우드락 뒷면에 끈을 달아 벽에 걸 수 있게 한다.

  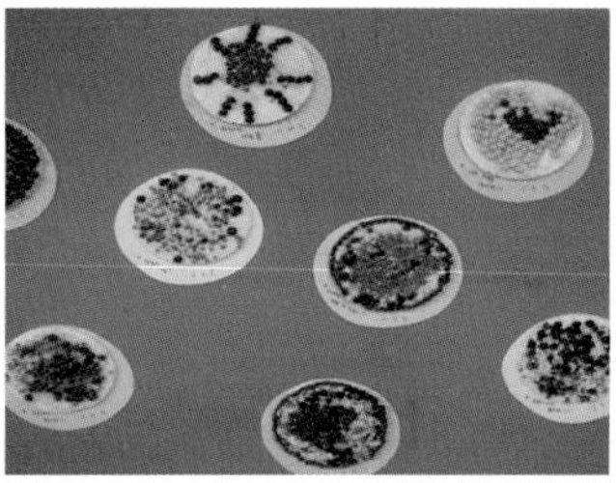

6) 치료사의 유의점

- 백업은 미리 치료사가 크기별 · 색상별로 어슷썰기나 원형으로 잘라 둘 수 있다.
- 마카로니는 크기, 색상, 모양별로 다양하게 준비한다.
- 우드락에 백업이나 마카로니를 붙이기 전에 천사점토나 아이클레이를 평평하게 깔고 작업하는 것도 발달촉진에 유익하다.

7) 변형 기법

- 완성 후 스팽글이나 반짝이, 다양한 꾸미기 재료를 이용해 완성도를 높일 수 있다.
- 백업과 마카로니 대신 자연물 재료로 자연물 만다라를 제작할 수 있다.

2. 스티커그림

1) 준비물

8절 켄트지, 다양한 스티커, 사인펜

2) 적용 대상 및 유형

유 · 아동, 노인 / 개인, 집단

3) 적용 시기

초기, 중기

4) 목표

흥미로운 매체를 통해 주의집중력 향상과 소근육 강화로 발달을 촉진한다.

5) 작업 과정

① 다양한 스티커의 특징(색, 형태, 크기 등)을 탐색한다.

② 켄트지에 자유롭게 스티커를 붙인다.

③ 연상되는 그림을 생각하며 표현한다.

④ 제목을 정하고 이야기 나눈다.

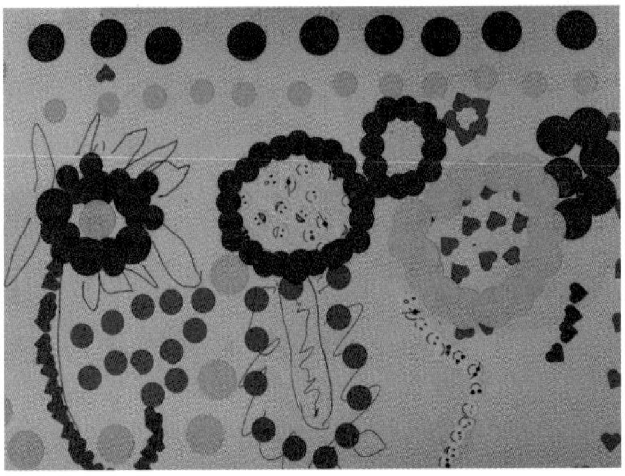

6) 치료사의 유의점

스티커를 떼는 데 어려움이 있는 내담자에게는 스티커의 뒷면을 접어 주어, 떼어 내기 좋게 제공하는 것도 좋다.

7) 변형 기법

- 검은색 켄트지 위에 별 스티커를 이용하여 별자리를 구성하고 메탈펜(금, 은)을 이용하여 꾸민다.
- 내담자의 연령이나 발달 정도에 따라 주제를 주고 구성하도록 할 수 있다.

3. 블링블링 색종이

1) 준비물

켄트지, 색종이, 가위, 풀

2) 적용 대상 및 유형

유・아동, 노인 / 개인, 집단

3) 적용 시기

초기, 중기

4) 목표

다양한 조작활동을 통해 소근육을 향상시키고 주의력과 집중력을 강화하여 발달을 촉진한다.

5) 작업 과정

① 색종이 크기와 색상을 다양하게 잘라 놓는다.

② 잘라진 색종이를 여러 방법으로 접는다.

③ 접힌 모서리와 가장자리를 가위로 도려낸 후(반원, 세모 모양) 펼친다.

④ 켄트지 위에 도려낸 색종이들을 구성하고 붙인다.

⑤ 추가하여 꾸며 완성한다.

6) 치료사의 유의점

색종이를 여러 번 접으면 색종이가 두꺼워져 가위질이 어렵다. 치료사는 내담자가 실패감과 상실감을 가져오지 않도록 유의하여야 한다.

7) 변형 기법

- 천이나 캔버스 가방에 염색 색종이를 다양한 모양으로 오려 붙여 구성하고 꾸밀 수 있다.
- 비닐가방이나 투명 우산 등에 컬러 시트지를 오려 붙여 구성하고 꾸밀 수 있다.

4. 알의 탄생

1) 준비물

풍선, 화선지(한지), 밀가루 풀, 물감, 붓

2) 적용 대상 및 유형

아동, 청소년, 성인, 노인 / 개인, 집단

3) 적용 시기

중기, 후기

4) 목표

흥미로운 매체를 통해 주의집중력 향상과 소근육 강화로 발달을 촉진한다.

5) 작업 과정

① 풍선을 크지 않게 불어 매듭짓는다.

② 화선지나 한지(엽서 크기)에 밀가루 풀을 발라 풍선에 붙인다.

③ 한지를 4~5겹 이상 반복하여 골고루 붙여 준다.

④ 다음 회기에 건조된 풍선을 감상하며 자신이 탄생시킨 알에 대해 이야기 나눈다.

⑤ 자신의 알을 물감으로 꾸민다.

⑥ 한지로 똬리를 만들어 완성된 알을 올려놓는다.

⑦ 제목을 정하고 자신의 알을 소개한다.

6) 치료사의 유의점

밀가루 풀을 너무 많이 묻혀서 바르면 말리는 시간이 길어지고, 곰팡이가 생길 수 있으므로 바람이 잘 드는 그늘에서 말리는 것이 좋다.

7) 변형 기법

- 가면 만들기: 완성된 알 풍선을 절반으로 잘라 가면 만들기를 한다.

5. 손바닥 소원나무

1) 준비물

전지 켄트지, 크레파스, 유성매직, 접착메모지, 포스터물감, 큰 쟁반 또는 비닐, 돗자리, 물티슈 및 물걸레

2) 적용 대상 및 유형

유 · 아동 / 개인, 집단

3) 적용 시기

중기, 종결기

4) 목표

신체적 · 심리적 이완을 통한 발달촉진과 자기표현 향상을 가져온다.

5) 작업 과정

① 전지를 한 장 또는 두 장 연결하여 바닥이나 벽에 붙인다.

② 크레파스나 유성매직으로 나무줄기를 전지 하부에 그려 넣는다.

③ 큰 쟁반이나 비닐, 돗자리 등에 3~4가지 색의 물감을 짠다.

④ 줄기를 그려 넣은 전지 상부에 손바닥이나 발바닥에 물감을 묻혀 찍는다.

⑤ 접착메모지에 자신의 소원을 2~3개 정도 적어 나무에 붙인다.

⑥ 자신의 소원을 집단원들에게 소개하고 지지를 받는다.

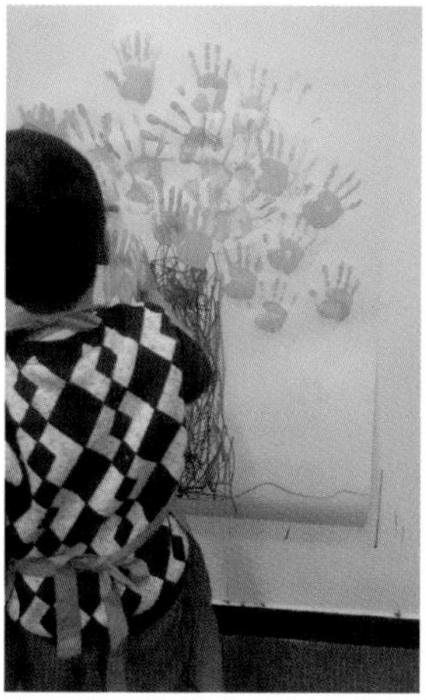

6) 치료사의 유의점

- 공격적이거나 충동과 퇴행이 심한 유 · 아동일 경우에는 화지를 벗어나 통제에 어려움이 있을 수 있으므로 유의하여야 한다.
- 물감의 농도에 따라 손바닥이 화지에 찍혀지는 선명도나 느낌이 다르므로 물감 농도에 유의한다.

7) 변형 기법

손바닥 대신 발바닥 찍기나 종이 구겨 찍기로 대신할 수 있다.

6. 한지 끈

1) 준비물

한지(빨강, 분홍, 주황, 노랑, 초록, 연두, 파랑) 2절, 물, 붓

2) 적용 대상 및 유형

노인 / 개인, 집단

3) 적용 시기

중기, 종결기

4) 목표

색한지의 속성으로 심리적 안정감과 흥미를 돕고 소근육 활동을 향상시킨다.

5) 작업 과정

① 다양한 색상의 한지 중에서 자신의 마음에 드는 색 한지를 하나 선택한다.

② 한지의 폭이 약 7~8cm 정도로 길게 접었다 편다.

③ 물을 묻힌 붓으로 ②의 접힌 선을 따라가며 선을 긋는다.

④ 선을 그은 물기가 마르기 전에 양손으로 잡아당기며 찢는다.

⑤ 한지를 손바닥으로 새끼를 꼬듯이 꼰다(여러 장의 한지를 계속 연결한다).

⑥ 개인별 한지 끈의 길이를 서로 재어 보고 가장 길게 연결된 사람에게 선물을 준다.

⑦ 집단별로도 한지 끈의 길이를 서로 연결하여 대결한다.

6) 치료사의 유의점

- 노인들은 갈색이나 검정색 계통의 색은 선호하지 않는다.
- 부드러운 한지의 특성으로 심리적 이완을 돕고, 아름다운 색상의 한지로 정서적 안정을 유도한다.
- 한지 꼬기를 통하여 과거 짚으로 새끼줄을 꼬던 시절을 회상하게 하여 흥미를 더하고, 노인의 소근육 활동 향상을 돕는다.
- 개인별 · 팀별 한지 길이 대결로 노인의 신체적 움직임을 유도한다.

7) 변형 기법

- 길게 연결하여 만들어진 한지 줄로 전통놀이로 전환하여 신체적 활동과 상호작용을 유도한다.
- 한지 줄을 다양한 길이로 잘라 다양한 꾸미기 작업이나 그릇 만들기로 전환할 수 있다.

7. 과자 목걸이

1) 준비물

다양한 크기와 색깔의 링 과자, 길러 비닐끈, 부직포, 펀치, 가위

2) 적용 대상 및 유형

유아, 노인 / 개인, 집단

3) 적용 시기

초기, 중기

4) 목표

흥미로운 매체를 이용하여 주의집중력과 인지력 향상, 소근육에 도움을 준다.

5) 작업 과정

① 링 과자는 종류별 · 색깔별로 그릇에 담고, 비닐 끈은 목걸이용과 팔찌용 두 가지로 잘라 놓는다.

② 비닐끈에 링 과자를 크기별 · 색깔별로 끼워 가며, 중간에 펀치로 구멍 뚫은 부직포 모양을 하나씩 끼워 준다.

③ 완성된 목걸이와 팔찌를 자신의 신체에 걸어 본다.

④ 집단 구성원 중에 자신이 만든 목걸이를 걸어 주고 싶은 사람이 있다면 직접 걸어 주는 의식을 한다.

⑤ 목걸이를 만든 기분과 목걸이를 선물로 주고받은 사람들의 소감 등을 이야기 나눈다.

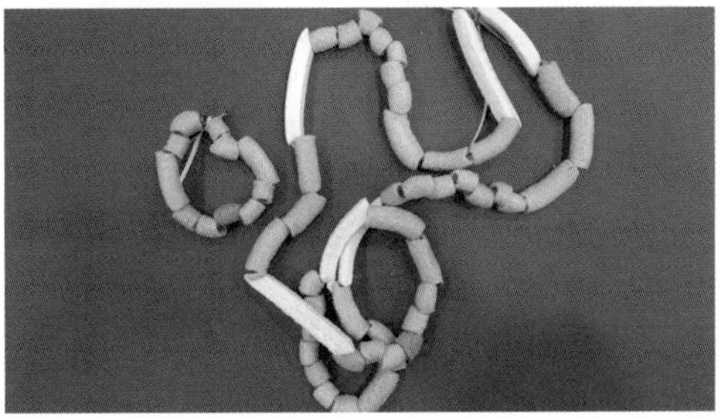

6) 치료사의 유의점

- 어린 유아나 치매노인들은 과자를 먹는 것에 집중할 수 있으므로 치료사의 안내가 중요하다.
- 노인들은 시력의 문제로 굵은 끈으로도 과자를 꿰기가 어려울 수 있으므로 활동에 대한 포기나 상실감 등을 느끼기 전에 치료사의 배려가 필요하다.
- 과자를 끼우는 끈 종류가 부드러운 경우에는 작업 도중 과자가 모두 흘러내려 버리므로 끈 선택에 신중하여야 한다.
- 치매노인이나 발달장애 아동에게는 치료사가 다음과 같이 지시를 해도 좋다.
  "노란색 과자 3개 넣어 주세요. 다음에는 붉은색 과자 2개 넣고, 푸른색 과자 4개 넣을까요? 그리고 부직포 하트 모양을 끼울까요?"라는 식으로 유도한다. 이때 집단원이 동시에 '하나, 둘, 셋' 하고 과자의 숫자를 세어 가며 즐겁게 작업하게 한다.

8. 우드락 커트

1) 준비물

원단 우드락(3mm 또는 5mm), 컬러 우드락, 우드락 커터기, 우드락 본드

2) 적용 대상 및 유형

유 · 아동, 노인 / 개인

3) 적용 시기

초기, 중기

4) 목표

다양한 조작활동을 통해 소근육을 향상시키고 주의집중력을 강화하여 발달을 촉진한다.

5) 작업 과정

① 우드락 커터기의 조작 방법에 대해 설명하며 시연해 준다.

② 적당한 크기의 우드락을 선택하여 밑그림을 그린다.

③ 호흡과 함께 손의 힘을 조절해 가면서 우드락 커터기를 밑그림 선을 따라 천천히 이동하며 다양한 모양과 크기의 조각들로 자른다.

④ ③의 우드락 조각들을 구성할 바닥재를 선택하여 오린다.

⑤ ③ 우드락 조각들을 우드락 본드를 이용하여 ④에 구성한다.

⑥ 제목을 짓고 이야기를 나눈다.

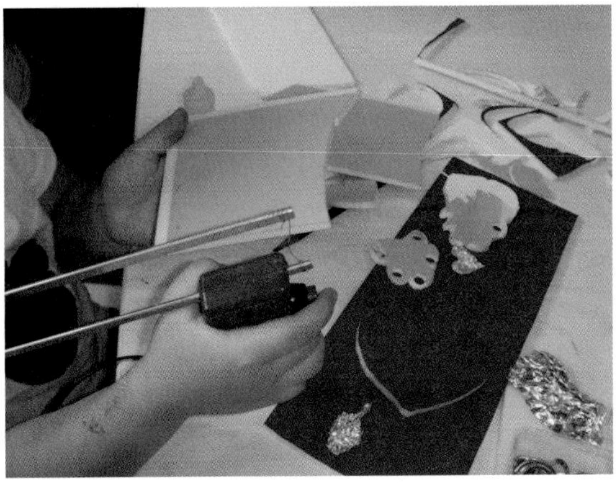

6) 치료사의 유의점

- 유·아동과 노인, 발달장애 아동의 수행능력에 따라 우드락의 두께나 크기 등에 유의한다.
- 감정과 행동 조절에 어려움을 가진 유·아동이나 소근육 조절에 어려움을 가진 발달장애 아동들에게 효과적이다.

9. 양모 회화

1) 준비물

양모, 다양한 색상과 크기의 켄트지나 한지, 우드락 등

2) 적용 대상 및 유형

유 · 아동, 청소년, 성인, 노인 / 개인, 집단

3) 적용 시기

초기, 중기

4) 목표

애착형성에 어려움을 가진 내담자의 감각을 자극하고 발달을 촉진한다.

5) 작업 과정

① 충분한 시간 동안 다양한 색상의 양모를 탐색하고 그 느낌을 나눈다.

② 바탕이 될 매체를 선택하여 양모를 자유롭게 뜯어 올려 구성한다.

③ 적당한 거리를 두고 작품을 바라보며 제목을 정하고 느낌을 나눈다.

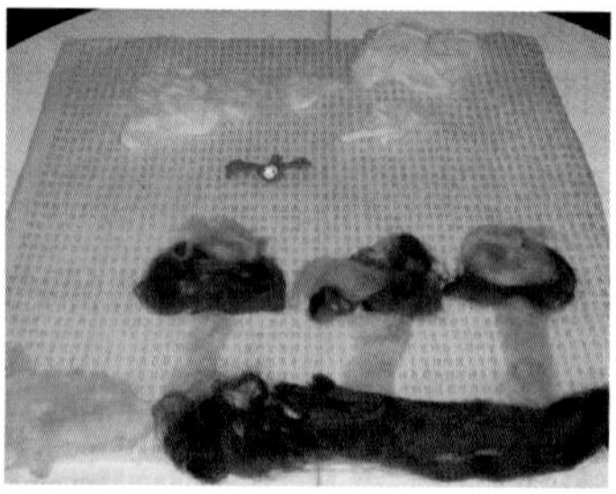

6) 치료사의 유의점

바탕이 되는 매체는 켄트지나 한지에서부터 우드락까지 다양한 색상과 크기로 준비한다.

10. 한지 회화

1) 준비물

켄트지, 색한지, 딱풀, 물, 붓(8~12호 정도), 사인펜, 파스텔

2) 적용 대상 및 유형

유·아동, 청소년, 성인, 노인 / 개인, 집단

3) 적용 시기

중기

4) 목표

한지의 특성으로 심리적 이완과 안정감을 얻고, 소근육 조작으로 발달을 촉진한다.

5) 작업 과정

① 한지를 색깔별로 작은 크기로 잘라 놓는다.

② 붓에 물을 묻혀 원하는 형태를 한지에 스케치를 한다.

③ 물기가 마르기 전에 양손 끝으로 한지를 조심스럽게 찢어 가며 형태를 만든다. 이때 찢어지는 한지의 결에 집중한다.

④ 뜯어 낸 한지를 화지에 구성하며 붙인다.

⑤ ④에 사인펜이나 파스텔로 마무리할 수 있다.

⑥ 제목을 정하고 이야기 나눈다.

6) 치료사의 유의점

- 붓으로 한지에 스케치를 할 때 붓끝을 세워 그리고, 붓의 물 양은 적절히 조절한다.
- 한지 조각을 화지에 붙일 때 풀로 인해 한지가 손끝에 달라붙어 어려움이 있다.
- 한지의 부드러운 매체 특성을 활용하여 한지를 구기거나 뭉쳐 다양한 방법으로 입체감을 표현해 낼 수 있다.
- 한지의 결이 잘 표현되는 것을 원할 때는 두껍고 질 좋은 한지를 준비한다.

11. 색종이 회화

1) 준비물

8절 켄트지, 색종이, 가위, 풀, 사인펜, 색연필

2) 적용 대상 및 유형

유 · 아동, 청소년, 성인, 노인 / 개인, 집단

3) 적용 시기

초기, 중기

4) 목표

창의성 및 인지력, 협응작용 등으로 발달을 촉진한다.

5) 작업 과정

① 색종이를 색상과 크기별로 세모, 네모, 동그라미의 형태로 오린다.

② ①을 화지에 구성해 보고 붙인다(예: 집, 나무, 해, 자동차, 사람 등).

③ 색종이 도형을 붙인 ②의 공간에 사인펜으로 연상그림을 그리고 색연필로 색칠한다.

④ 제목을 정하고 이야기 나눈다.

6) 치료사의 유의점

- 평면작업으로만 하는 것보다, 접기나 구기기, 한쪽 면만 풀칠하기 등 입체적 작업으로 유도하면 좋다.
- 색종이 표면의 특성상 사인펜보다 네임펜을 사용하는 것이 효과적이다.

12. 비눗방울 그림

1) 준비물

비눗방울액, 일회용 투명컵, 물감, 붓, 굵은 빨대, 켄트지, 사인펜, 가위

2) 적용 대상 및 유형

유 · 아동, 청소년, 성인, 노인 / 개인, 집단

3) 적용 시기

초기, 중기

4) 목표

초기 라포형성과 활동에 대한 동기유발 및 비눗방울 불기를 통해 전반적 발달을 촉진시킨다.

5) 작업 과정

① 일회용 투명컵에 비눗방울액을 1/3 정도 담고 원하는 색의 물감을 푼다.
② 가위로 빨대 끝을 1cm가량 칼집을 내어 펼친다.
③ 화지 위에 떨어지는 비눗방울 흔적들을 확인하며, 비눗방울 불기 놀이를 한다.
④ 비눗방울이 컵 위까지 부풀어 오르게 계속해서 불어 본다.
⑤ 비눗방울이 들어 있는 투명컵을 천천히 이동시키며 ④의 넘치는 비눗방울을 화지에 올린다.
⑥ 여러 장의 화지에 반복하여 무늬를 만들어 본다.
⑦ ⑥ 중 하나를 선택하여 떠오르는 이미지를 사인펜과 꾸미기 재료를 이용하여 완성한다.
⑧ 제목을 정하고 이야기 나눈다.

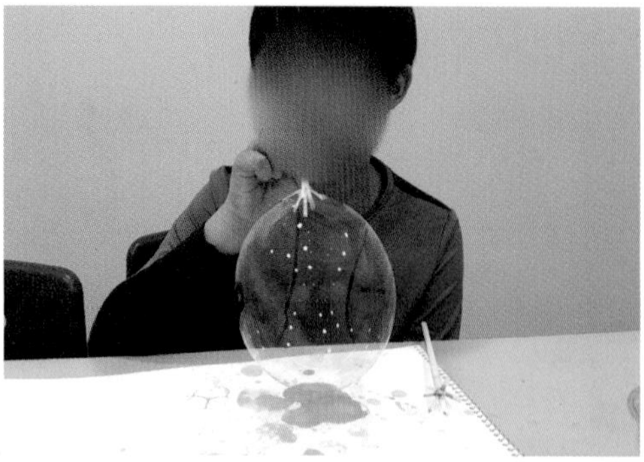

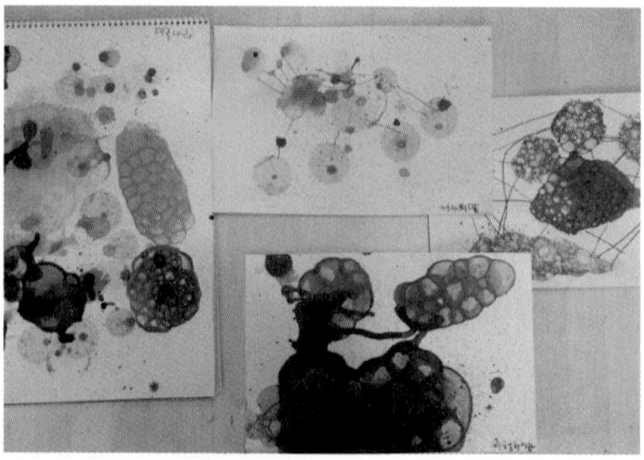

6) 치료사의 유의점

- 비눗방울액에 물감을 섞을 때 물감의 농도를 진하게 하여야 비눗방울 형태가 선명하다.
- 비눗방울액을 투명컵의 1/2 이상을 담거나 불기 조절이 잘 안 되는 내담자의 경우 비눗방울 모양이 만들어지지 않고 액체로 흘러내려 버릴 수 있다.
- 내담자의 발달수준에 따라 들이마시지 않도록 주의하여야 한다.
- 비눗방울 색을 2~3가지 정도 만들어 진행하면 흥미유발과 창의성 촉진에 효과적이다.
- 시중에 파는 비눗방울을 구비하지 못하였을 때, 주방세제를 물과 함께 섞어 사용한다.

13. 우드락 판화

1) 준비물

우드락(5mm, A4 크기), 대못 또는 볼펜심, 화선지, 롤러 또는 넓은 붓, 포스터물감, 접시

2) 적용 대상 및 유형

유 · 아동, 청소년, 성인, 노인 / 개인, 집단

3) 적용 시기

중기

4) 목표

흥미로운 활동으로 심리적 촉진과 자아성취감을 갖게 한다.

5) 작업 과정

① 대못 또는 볼펜심으로 우드락에 꾹꾹 눌러 밑그림을 그린다(줄무늬나 점 찍기 등으로 효과를 준다).

② 포스터물감을 묻힌 롤러나 넓은 붓으로 ①에 칠을 한다.

③ 물감이 마르기 전에 화선지를 ②에 덮고 손바닥으로 골고루 문지른다.

④ 화선지를 우드락으로부터 천천히 떼어 낸다.

⑤ 그림의 진하기를 봐 가며 새 화선지로 2~3장 더 찍어 낼 수 있다.

⑥ 마음에 드는 작품을 선택하여 제목을 정하고 이야기 나눈다.

 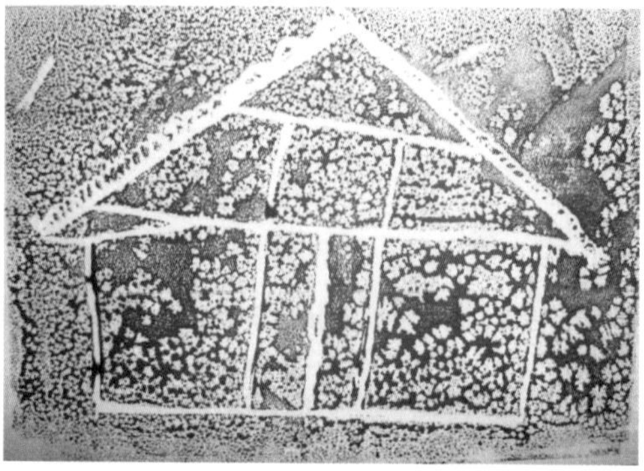

6) 치료사의 유의점

- 우드락 위의 물감을 닦아 낸 후 다른 색으로 다시 칠하고 찍어 내면 작품의 느낌이 다르게 나와 흥미롭다.
- 우드락의 배수성으로 물감과 물의 농도에 따라 화선지에 찍히는 무늬와 느낌이 다르다.
- 우드락 면에 스케치할 때 줄 긋기, 점 찍기, 체크무늬, 파기, 누르기 등의 변화를 주면 판화 작품이 아름답다.
- 화선지 크기는 우드락 크기보다 약간 크게 잘라 준비한다.
- 찍어 내는 화선지의 선명도가 첫 번째보다 두 번째, 세 번째가 더 좋을 수 있으므로 찍어 내는 화선지를 넉넉하게 준비해 놓고 내담자가 원하는 대로 찍어 내게 한다.

7) 변형 기법

- 본드 우드락 판화: 우드락에 못 대신 돼지본드를 이용하여 그림을 그린다. 우드락 면에 본드가 닿는 양에 따라 우드락 면이 녹아들어 가서 굵고 가는 선이 형성된다. 이후 진행 방법은 앞과 동일하다. 그러나 유의할 점은 본드가 어느 정도 마르고 난 후에 롤러나 붓으로 물감을 칠해 주어야 한다는 것이다.

14. 우드락 퍼즐

1) 준비물

우드락(3~5mm, A4 크기 2장), 칼, 자, 유성매직, 네임펜, 우드락 본드

2) 적용 대상 및 유형

유 · 아동, 청소년, 성인, 노인 / 개인, 집단

3) 적용 시기

중기

4) 목표

다양한 조작활동을 통해 창의성과 인지력을 향상시키고, 놀이를 통해 주의집중력을 높인다.

5) 작업 과정

① 첫 번째 우드락 가장자리 사방에 1cm 정도 간격을 두고 테두리선을 긋는다.

② 테두리 안쪽에 그리고 싶은 그림을 스케치하고 색칠한다.

③ 그림이 완성되면 가장자리 사방 1cm는 남겨 놓고 칼로 퍼즐 조각을 잘라 낸다.

④ ②를 두 번째 우드락에 덧대어 붙인다. 이때 첫 번째 우드락 가장자리 사방 1cm 안쪽으로만 본드를 발라 서로 붙여 준다.

⑤ 본드가 마른 후 퍼즐 조각을 맞추며 놀이를 한다.

6) 치료사의 유의점

- 칼로 퍼즐 조각을 낼 때, 우드락 가장자리를 넘어 부러지지 않도록 유의한다.
- 바닥면에 붙일 때에도 우드락 본드를 가장자리에 평평하게 골고루 발라 퍼즐이 들뜨지 않도록 한다.
- 퍼즐 조각 수는 내담자의 인지발달 수준에 유의하여 조각 수를 늘리고 줄인다.

15. 알록달록 소금

1) 준비물

꽃소금, 파스텔, 아이클레이, 투명컵(테이크아웃 컵), 메모꽂이, 대야

2) 적용 대상 및 유형

아동, 청소년, 성인, 노인 / 개인, 집단

3) 적용 시기

중기, 종결기

4) 목표

촉감각 자극을 통해 발달을 촉진하고 성취감을 갖도록 한다.

5) 작업 과정

① 파스텔 중 5가지 정도 원하는 색을 선택하여 종이 위에 올려놓고 가루로 빻는다.

② 대야에 소금을 담고 촉감 느끼기를 한다.

③ 대야에 파스텔 가루를 넣고 소금과 섞는다.

④ 색깔소금으로 변화해 가는 과정을 관찰한다.

⑤ 투명컵에 색깔소금을 층층이 넣어 컵 끝까지 담는다.

⑥ 아이클레이를 얇게 펴서 컵의 가장 윗부분을 덮어 주고 꾸민다.

⑦ 뚜껑을 덮은 후 와이어 메모꽂이를 끼운다.

⑧ 메모지에 자신에게 하고 싶은 말이나 격려 메시지 등을 적어 메모꽂이에 끼운다.

⑨ 제목을 정하고 이야기 나눈다.

6) 치료사의 유의점

- 집단치료에서는 파스텔의 색상을 3가지 정도 선택하여 서로에게 선물하기도 하고 자신에게 없는 색을 나눠 갖기도 한다.
- 색깔소금의 고정을 위해 아이클레이로 덮어 주는 것이 좋다.
- 색깔소금을 만들 때 밝은색부터 섞어 색상이 오염이 되는 것을 방지한다.

7) 변형 기법

소금의 굵기를 다양하게 하여 색깔소금을 만든 후 콜라주를 할 수 있다.

16. 수묵부채

1) 준비물

조가비부채, 먹물, 물감, 면봉, 나무젓가락, 폼폼, 바니시나 투명 래커

2) 적용 대상 및 유형

유 · 아동, 청소년, 성인, 노인 / 개인, 집단

3) 적용 시기

초기, 중기, 종결기

4) 목표

흥미로운 매체를 통해 소근육을 향상시키고 주의력과 집중력을 강화하여 발달을 촉진한다.

5) 작업 과정

① 부채에 먹물을 몇 방울 떨어뜨리고 입으로 불어 가지를 만든다.

② 나무젓가락 끝에 폼폼을 붙인 붓과 면봉에 물감을 묻혀 꽃과 잎을 표현한다.

③ 뒷면은 면봉이나 나무젓가락을 이용하여 가지를 만들고 만든다.

④ 앞면과 같이 나무젓가락 끝에 폼폼을 붙인 붓과 면봉으로 꽃과 잎을 표현한다.

⑤ 그림에 사인을 한다.

⑥ 제목을 정하고 이야기 나눈다.

6) 치료사의 유의점

- 치료사는 나무젓가락 끝에 폼폼을 붙여 준비한다.
- 노인의 경우 입으로 부는 힘이 약하기 때문에 먹물을 불 때 빨대를 이용하거나 부채를 기울여 표현한다.
- 폼폼으로 꽃을 표현할 때에는 꽃의 색상을 달리하여 매화꽃(빨강), 개나리(노랑), 벚꽃(흰색+빨강 조금), 나뭇잎(연두+초록) 등을 표현하고, 한 가지 색보다 두 가지 색이 자연스럽게 섞여 번짐의 효과를 이용한다.
- 작품 완성 후 먹물이 마르고 나면 바니시나 투명 래커를 뿌려 부채의 발색과 완성도를 높인다.

17. 과자로 만든 얼굴

1) 준비물

뻥튀기, 쌀엿, 여러 종류의 과자, 일회용 접시(대), 나무젓가락, 물약 용기

2) 적용 대상 및 유형

유 · 아동, 청소년, 성인, 노인 / 개인, 집단

3) 적용 시기

초기, 중기, 종결기

4) 목표

흥미로운 매체를 통해 동기를 유발하고 집중력을 높이며 다양한 감각의 자극을 통해 발달을 촉진시킬 수 있다.

5) 작업 과정

① 일회용 접시에 뻥튀기를 올려놓는다.

② 과자로 얼굴을 만들 것이라고 설명한 후 생각나는 사람을 떠올려 보도록 한다.

③ 여러 종류의 과자를 이용하여 얼굴의 눈, 코, 입, 머리카락을 표현한다. 이때 쌀엿을 접착제로 사용한다.

④ 집단원에게 어떤 사람인지 소개한다.

6) 치료사의 유의점

- 과자의 색과 형태가 다양해야 독창적으로 표현된다.
- 접착제로 사용할 물엿이나 쌀엿의 농도를 확인해야 한다.
- 쌀엿은 종이컵에 담아 나무젓가락으로 찍어 붙이거나 물약 용기에 담아 짜서 쓰는 것이 편하다.
- 아동·청소년 집단치료에서 집단원의 얼굴을 장난스럽게 표현해 기분을 상하게 할 수 있으므로 주의를 주는 것이 좋다.

7) 변형 기법

- 다양한 내 얼굴: 자신의 다양한 얼굴 표정을 표현하도록 할 수 있다(웃는 얼굴, 화난 얼굴, 슬픈 얼굴).
- 과자 만다라: 뻥튀기 위에 얼굴뿐만 아니라 과자로 만다라를 표현할 수 있다.

18. 곡물 셰이커

1) 준비물

폐품 용기(페트병, 캔, 주스병), 다양한 곡물(쌀, 조, 콩, 녹두, 팥), 모래, 자갈, 씨앗(호박씨, 해바라기 씨, 감씨, 포도씨), 마카로니, 비즈, 아크릴물감, 붓, 쟁반, 글루건, 꾸미기 재료, 음악

2) 적용 대상 및 유형

유 · 아동, 노인 / 개인, 집단

3) 적용 시기

초기, 중기

4) 목표

다양한 용기와 내용물에 따라 다른 소리를 느끼고 청각적인 자극을 통해 신체적 움직임과 에너지를 촉진시킨다.

5) 작업 과정

① 다양한 재질의 용기에 여러 내용물을 넣고 흔들며 소리를 탐색해 본다.

② 내용물의 양을 조절하여 소리의 차이(경쾌함과 무직함, 큰 소리와 작은 소리)를 느껴 보도록 한다.

③ 마음에 드는 소리 몇 가지를 선택한다.

④ 음악에 맞춰 셰이커를 흔들며 춤이나 동작을 한다.

⑤ 소리를 들으며 연상되는 색과 선을 떠올려 보고 용기를 채색하고 꾸민다.

⑥ 자신이 좋아하는 소리와 자신의 작품을 소개한다.

6) 치료사의 유의점

- 치료사는 용기를 깨끗이 씻어 건조해 준비한다.
- 병에 곡물을 담을 때 용이하도록 깔때기나 종이를 접어 준비해 두며 바닥에 쟁반을 깔고 활동하면 멀리 굴러가는 것을 방지할 수 있다.

19. 나무 조각 액자

1) 준비물

나무 액자, 나무 조각 재료(원형, 반원, V조각, 일자 등 다양한 모양을 구매), 유성매직, 바니시, 목공 본드

2) 적용 대상 및 유형

유 · 아동, 청소년, 성인, 노인 / 개인, 집단

3) 적용 시기

중기, 종결기

4) 목표

자연매체를 통해 심리적 안정감을 갖도록 하며 다양한 감각의 자극을 통해 발달을 촉진시킬 수 있다.

5) 작업 과정

① 다양한 크기와 형태의 나무 조각들을 탐색한다.

② 액자 위에 나무 조각들을 올려놓고 구성해 본다.

③ 구성한 조각들을 목공 본드로 고정한다.

④ 나무 조각을 유성매직으로 채색하여 꾸민다.

⑤ 제목을 정하고 소개한다.

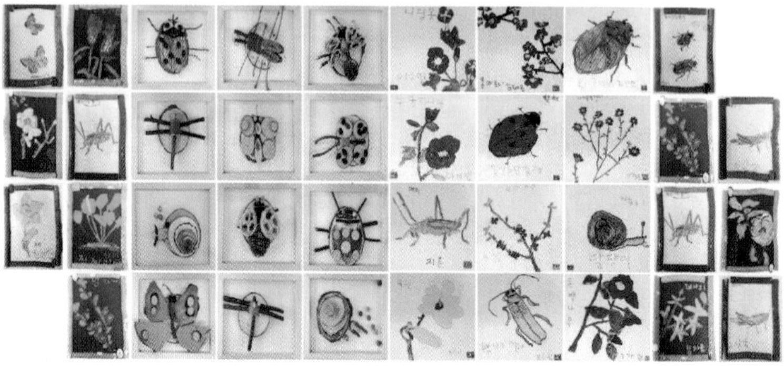

6) 치료사의 유의점

- 작품을 완성한 후 바니시를 발라 두면 상하지 않고 오래 보관이 가능하며 광택이 있어 완성도가 높아진다.
- 나무 조각을 탐색하고 구성할 때에 충분한 시간을 갖도록 하면 독창적인 작품이 완성될 수 있으며 소근육의 발달 촉진에도 도움이 된다.

7) 변형 기법

- 앗상 블라주: 나무액자 위에 나무 조각뿐만 아니라, 다양한 파스타(마카로니, 동물 모양, 나비 모양, 트위스트), 병뚜껑, 단추 등으로 작업을 하고 완성 후에는 금색, 은색, 브론즈색 물감이나 래커로 채색할 수 있다.

20. 신기한 색 습자지

1) 준비물

4절 켄트지, 색 습자지, 가위, 분무기, 사인펜, 그 외 다양한 컬러링 재료

2) 적용 대상 및 유형

유・아동, 노인 / 개인, 집단

3) 적용 시기

초기, 중기

4) 목표

색 습자지 재질의 촉감과 색감을 이용하여 은유적 표현을 이끌어 낸다.

5) 작업 과정

① 다양한 색상의 습자지 중 마음에 드는 색들을 선택하여 다양한 크기와 모양으로 가위로 오리거나 손으로 찢는다.

② ①을 화지에 자유롭게 배치한다.

③ 물 분무기로 ②에 뿌린다.

④ 화지 위의 색 습자지가 어느 정도 마르면 색 습자지를 화지에서 떼어 내고 색으로 물이 든 무늬를 감상한다.

⑤ 연상된 이미지를 따라 사인펜이나 컬러링 재료로 추가하여 그림을 그려 완성한다.

⑥ 제목을 정하고 이야기 나눈다.

6) 치료사의 유의점

- 치료사는 내담자의 연상에 방해될 수 있는 말들은 자제한다.
- 습자지에 물을 뿌릴 때 물의 양을 조절하며 뿌려야 습자지의 발색이 좋다.
- 화지에 습자지를 배치할 때 서로 겹치게 놓아야 다양한 색과 무늬를 얻을 수 있다.

7) 변형 기법

인지 수준에 따라 색 습자지의 다양한 색과 무늬를 가위로 오려 다른 화지에 확장작업할 수 있다.

21. 구겨진 종이의 탄생

1) 준비물

8절 켄트지, 사인펜, 유성매직, 우드락(8절 크기), 우드락 본드, 끈

2) 적용 대상 및 유형

유 · 아동, 청소년, 성인, 노인 / 개인, 집단

3) 적용 시기

중기, 종결기

4) 목표

부정적인 것에서 긍정적으로 전환하는 의미를 갖는다.

5) 작업 과정

① 최근 기분이 좋지 않았던 부정적인 감정을 떠올리며 화지를 힘껏 구긴다.

② 구긴 화지를 손바닥으로 편다.

③ 화지 가장자리 10cm 정도 남기고 가운데 부분을 오려 낸다.

④ 화지의 구겨진 선을 따라 사인펜이나 유성매직으로 선을 긋고 색을 칠한다.

⑤ ④를 우드락에 붙이고 뒤에 끈을 매달아 액자를 완성한다.

⑥ 액자의 제목을 정하고 액자에 무엇을 붙이고 싶은지 이야기 나눈다.

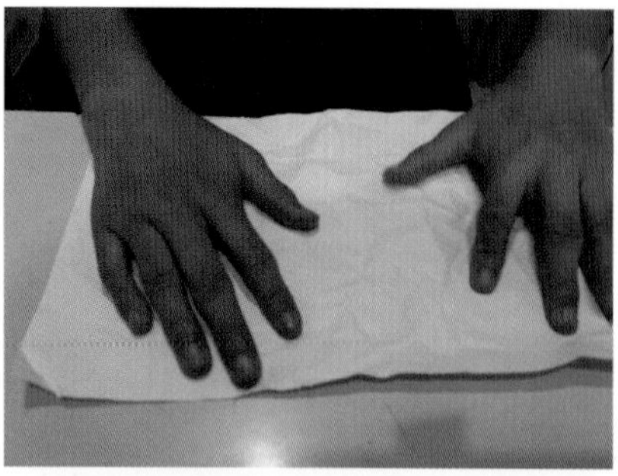
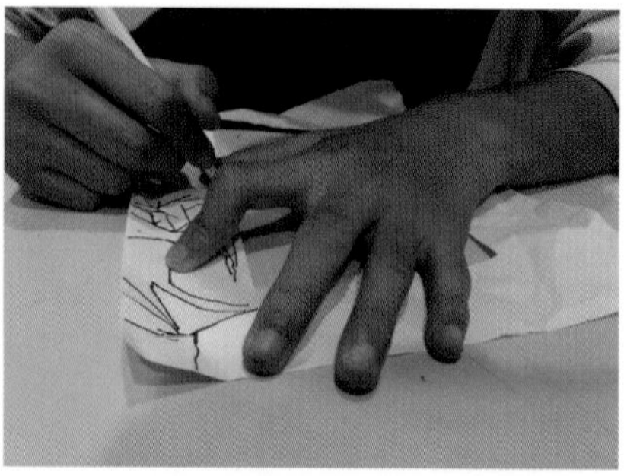

6) 치료자의 유의점

- 내담자 특성과 수준에 맞추어 구김의 형태를 찾아 그리고 칠하는 것이 마무리에 도움이 된다.
- 액자의 입체감을 높이기를 원하면 색칠한 액자틀 종이를 바탕 우드락에 붙이기 전에, 액자틀 크기에 맞추어 우드락 틀을 만들어 주는 것이 좋다.

22. Food 재료를 이용한 스토리텔링

1) 준비물

다양한 과자 및 초콜릿, 사탕, 채소, 곡물, 목공풀, 검은색 하드보드지, 색종이, 가위, 색연필, 사인펜, 그림책

2) 적용 대상 및 유형

아동, 청소년, 성인 / 개인, 집단

3) 적용 시기

중기, 종결기

4) 목표

창의적인 표현을 통해 성취감을 경험하고, 스토리 속에서 내면을 통찰한다.

5) 작업 과정

① 내담자의 상황에 맞는 그림책을 선정하여 이야기를 들려준다.

② 이야기 속에서 마음에 와닿는 장면을 선정한다.

③ 준비된 재료들을 활용하여 검은색 하드보드지 위에 선정한 장면을 표현한다.

④ 작품 완성 후, 장면을 선정한 이유에 대해 나누고, 장면 속에서 발견한 메시지와 나와의 연관성을 찾아본다.

6) 치료자의 유의점

- Food 재료는 선정한 이야기에 따라 색감이나 질감 등을 고려하여 준비한다.
- 그림책을 선정할 때는 글이 너무 많을 경우, 회기 진행 시간을 배분하는 데 어려움이 있을 수 있으므로, 되도록 짧은 내용을 선정하는 것이 좋다.

제7장

희망과 비전

1. 내가 살고 싶은 집

1) 준비물

집 모형(조립제품), 우드락 판, 아이클레이, 수수깡, 유성매직, 꾸미기 재료

2) 적용 대상 및 유형

유 · 아동, 청소년, 성인, 노인 / 개인, 부부, 부모-자녀, 집단

3) 적용 시기

종결기

4) 목표

집 만들기를 통해 가정의 소중함을 느끼고, 상호 간 소통을 통해 미래를 위한 희망을 갖는다.

5) 작업 과정

① 집 모형 틀을 조립한다.

② 우드락 판 위에 ①을 올려 접착제로 고정시킨다.

③ 집 외부를 유성매직으로 칠하거나 아이클레이로 꾸민다. 또는 지붕을 조립하지 않은 채, 집 내부에 침대나 소파, 책장, 변기 등을 만들어 넣는다.

④ 집 주변에는 대문이나 울타리, 정원과 꽃, 나무, 사람, 그네 등을 만들어 꾸민다.

⑤ 완성된 집의 제목을 짓고 집과 가족에 대해 이야기를 나눈다.

6) 치료사의 유의점

- 집 모형 조립에 너무 집중하지 말고, 자신이 살고 싶은 집으로 꾸미고 만드는 데 의의가 있다.
- 집과 주변을 꾸밀 때 꾸미기 재료와 그 외 부재료를 다양하게 준비하는 것이 좋다.

7) 변형 기법

- 미니어처 집 만들기: 딱딱한 화장품 상자나 약통 상자 등을 세로나 가로 등으로 겹쳐 세우고, 상자 안에 칸을 만들어 구분하고 옷장, 책상, 침대, 사람 등을 만들어 붙인다.

2. 장점나무

1) 준비물

점토, 나뭇가지, 우드락(5mm), 아이클레이, 접착메모지, 사인펜, 꾸미기 재료

2) 적용 대상 및 유형

유 · 아동, 청소년, 성인 / 개인, 집단

3) 적용 시기

후기

4) 목표

자연재료를 이용한 정서적 안정감과 자아성취감을 가져온다.

5) 작업 과정

① 내담자들과 함께 주변을 산책하며 나뭇가지를 줍는다.

② A4 크기 정도의 우드락 위에 점토를 올려 바닥을 만들어 준다(나뭇가지를 꽂을 곳은 점토를 두텁게 돋운다).

③ 나뭇가지를 점토 위에 꽂아 준다.

④ 나뭇가지에 클레이나 다양한 꾸미기 재료를 이용하여 꾸며 준다.

⑤ 접착메모지에 자신의 장점을 적고 나뭇가지에 붙여 준다.

⑥ 집단원은 돌아가며 자신의 장점을 발표하고 집단원을 지지해 준다.

6) 치료사의 유의점

- 나뭇가지를 꽂을 때 넘어지지 않을 만큼의 적당한 크기의 나뭇가지를 이용하고 나뭇가지 주변에는 점토로 안정감 있게 고정시킨다.
- 장점을 적는 접착메모지 대신에 모양을 낸 색깔 쪽지를 이용할 수 있다.

7) 변형 기법

- 정원 꾸미기: 큰 우드락에 집단원이 함께 자연재료를 이용하여 정원을 꾸며 본다.
- 화분 만들기: 음료수 패트컵에 점토를 넣고 나뭇가지를 꽂아 장점화분을 만들어 본다.

3. 에너지 북

1) 준비물

표지용(두꺼운 판지나 머메이드지 또는 두꺼운 샘플 벽지), 속지용(색상 켄트지), 양면테이프, 리본테이프, 칼, 가위, 사인펜, 색연필, 유성매직

2) 적용 대상 및 유형

아동, 청소년, 성인 / 개인, 부부, 집단

3) 적용 시기

종결기

4) 목표

개인이나 집단이 프로그램을 종결하는 시기에 나누는 메시지를 통해 자존감 향상과 긍정적 에너지를 가져온다.

5) 작업 과정

① 속지 만들기: 정사각 색상지를 가로, 세로 각각 1/2접기를 하고 편 후, 대각선 접기를 한 번 하여 사각 주머니 접기를 해 준다(네 장 모두).

② ①을 양면테이프를 이용하여 네 장을 서로 맞대어 붙인다(이때 사각 주머니 방향이 동일해야 한다).

③ 표지 만들기: 속지를 사각 주머니 접기 한 크기보다 사방 3mm 정도 크게 자른다.

④ 두 장의 표지를 1cm 간격을 두고 대각선으로 놓은 후 색상지의 8배 정도 되는 길이의 리본테이프를 표지에 양면테이프로 붙인다.

⑤ ②를 리본이 붙여져 있는 면 표지 속에 넣고 양면테이프로 붙여 북 만들기를 완성한 후, 표지에 책제목과 날짜, 사인을 한다.

⑥ 첫 장을 펼치고, 우람하고 튼튼한 한 그루의 나무를 그리고 나무의 제목을 적는다.

⑦ 두 번째 장을 펼치고, 지금 이 순간 떠오르는 얼굴을 그리고, 그 얼굴에게 하고 싶은 말을 적어 본다.

⑧ 세 번째 장을 펼치고, 20년 후 자신의 모습을 떠올리고 그림으로 표현한다.

⑨ 네 번째 장을 펼치고, 화지의 가운데에 자신의 애칭이나 이름을 적고 자신의 오른쪽 사람에게 책을 넘긴다(집단 구성원은 순서대로 오른쪽으로 넘기면서 평소 해 주지 못했던 말들을 힐링 메시지로 적어 준다).

⑩ 자신의 에너지 북을 소개하고 에너지가 된 내용에 대해 소감 나누기를 한다.

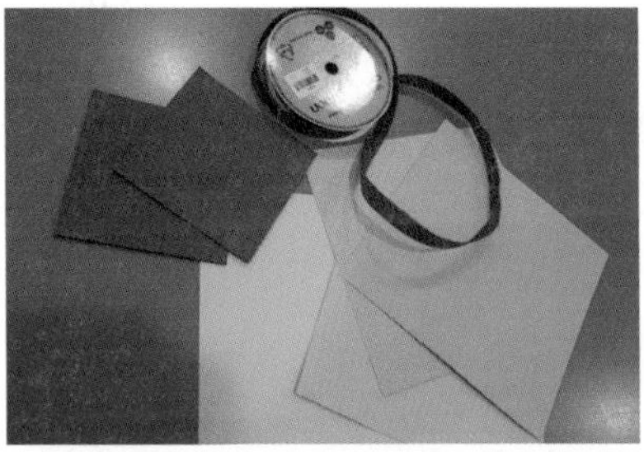

6) 치료사의 유의점

- 에너지 북이 될 속지와 표지는 치료사가 미리 잘라 준비해 놓는 것이 좋다(속지가 될 종이는 옅은 색상지를 위주로 하고, 표지는 속지보다 더 두꺼운 판지나 머메이드지 또는 두꺼운 샘플 벽지를 이용하면 좋다.
- 20년 후 자신의 모습을 그림으로 표현하기 어려워할 때에는 20년 후 자신에게 보내는 편지를 적어도 좋다.
- 부부치료 시에는 배우자에게 보내는 편지글을 적어 나눌 수도 있다.
- 자신의 에너지 북을 소개할 때에는 자신이 나누고 싶은 내용까지만 발표하게 한다.
- 집단원이 적어 준 힐링 메시지 중 자신의 마음에 가장 와 닿는 메시지 한 가지씩을 발표하며 상대와 직접적인 감사의 소통의 장이 되게 하기도 한다.
- 내담자의 연령과 특성에 따라 속지를 세 장에서 다섯 장까지 줄이거나 늘려 진행할 수 있다.

4. 소원등

1) 준비물

한지 등(반제품), 풀, 다양한 색한지, 가위, 리본, 양면테이프, 네임펜

2) 적용 대상 및 유형

유 · 아동, 청소년, 성인, 노인 / 개인, 집단

3) 적용 시기

중기, 종결기

4) 목표

주의집중력과 조절력을 향상시키며 자신의 욕구를 탐색하고 수용할 수 있다.

5) 작업 과정

① 등에 대한 의미와 소망에 대해 이야기 나눈다.

② 한지로 된 등을 세로로 펴서 지지대 철사로 고정한다.

③ 소원하는 마음을 담아 색한지로 등을 꾸민다.

④ 소원을 적을 한지의 색상을 선택해 길게 오려 자신의 소원을 적는다.

⑤ 소원이 적힌 한지를 등 아래에 매달거나 원하는 곳에 붙인다.

⑥ 자신의 소원을 소개하고 이야기 나눈다.

6) 치료사의 유의점

한지는 가위로 오려서 모양을 만드는 것보다 한지의 결을 따라 손으로 찢어서 붙이는 것이 자연스럽고 분위기 있게 표현된다. 물이 묻은 붓으로 스케치하듯 그린 후 손으로 뜯어 표현하는 것도 좋다.

5. 당신은 멋진 사람!

1) 준비물

8절 또는 4절 켄트지, 색연필, 사인펜, 파스텔, A4용지

2) 적용 대상 및 유형

아동, 청소년, 성인 / 집단

3) 적용 시기

중기, 종결기

4) 목표

미래에 대한 희망을 구체화하고 재인식함으로써 비전을 갖는다.

5) 작업 과정

① 눈을 감고 '내 인생에 최고의 순간'이 온다면 어떤 일이 일어날 것 같은지 상상한다.

- 나는 지금 어디에 있나요?
- 나는 무엇을 하고 있나요?
- 누구와 함께 있나요?
- 주변에는 무엇이 보이나요?
- 지금 나의 기분은 어떤가요?

② 상상한 장면을 화지에 그린다.

③ 다음과 같이 다양한 질문이 적혀 있는 인터뷰 종이를 나눠 주고 작성한다.

- 지금 당신은 어떤 사람인가요?
- 지금 무엇을 하고 있나요?
- 지금 ○○○이 된 기분은 어떤가요?

- 이 장면이 나의 최고의 순간이라고 꼽은 이유는 무엇인가요?
- 여기까지 오는 동안 어떤 노력을 하셨나요?
- 나에게 도움을 준 사람은 누가 있나요?
- 지금 이 자리에 있기까지 내가 가진 긍정적 자원은 무엇인가요?
- 앞으로의 계획은 어떤 것이 있나요?
- 인터뷰 후 소감을 얘기해 주세요.

④ 두 명이 짝을 지어 인터뷰를 한다(한 명은 기자, 다른 한 명은 인터뷰 대상자가 되어 역할극을 실시한다).

⑤ 자신의 짝과 함께 인터뷰한 내용과 그림을 발표한다.

6) 치료사의 유의점

인터뷰를 할 때 충분한 시간을 필요로 한다.

7) 변형 기법

- 종이를 반으로 접어 한쪽에는 감동적인 최고의 순간을 그림으로 그리고 다른 쪽에는 기사를 직접 써서 잡지에 실린 자신의 스토리를 꾸며 본다.
- 가족상담에서 '가족의 감동적인 최고의 순간'을 생각해 보고 협동작업을 완성할 수 있다.

6. 나를 위한 꽃다발

1) 준비물

드라이플라워(미니장미, 천일홍, 안개꽃, 미스티블루, 유칼립투스), 액자(또는 유리 공병), 꾸미기 재료, 글루건, 메모지, 조용한 음악

2) 적용 대상 및 유형

아동, 청소년, 성인 / 개인, 집단

3) 적용 시기

후기

4) 목표

자기의 소중함을 인식하고 미래의 구체적인 상황 탐색을 통해 비전을 갖는다.

5) 작업 과정

① 눈을 감고 조용한 음악을 들으며, 자신이 살아오며 힘들었던 순간들을 떠올린다.

② 힘들고 지쳤던 순간에도 열심히 살아온 자신을 생각하며, 자신의 가슴을 토닥이고 위로한다.

③ 드라이플라워로 자신에게 줄 미니꽃다발을 만든다.

④ 완성한 꽃다발은 배경이 될 만한 액자에 붙이거나 유리 공병에 넣어 고정한다.

⑤ 자신이 꽃다발을 받는 상상을 하며, 듣고 싶은 메시지를 메모지에 적어 끼워 넣는다.

⑥ 액자나 유리 공병을 꾸미기 재료를 이용해 장식한다.

⑦ 작품을 소개하고 이야기 나눈다.

6) 치료사의 유의점

• 자신에게 감사함과 소중함을 떠올릴 때에, 초를 켜고 명상 음악을 들으며 고요한 분위기를 조성하는 것이 도움이 될 수 있다.
• 꽃다발을 만들기 힘들어하는 내담자의 경우 작은 고무줄을 준비하면 임시로 고정할 수 있기 때문에 더 수월하게 만들 수 있다.

7) 변형 기법

• 가족상담에서 부모님, 배우자, 자녀에 대한 감사함을 담아 꽃다발을 만들 수 있다.
• 간단히 쪽지에 메시지를 적어 끼워 넣는 방법도 있지만, 작품 완성 이후에 고마운 사람에게 편지를 쓰거나 자신에게 편지를 쓰는 시간을 더 가질 수 있다.

7. 희망 만다라

1) 준비물

캔버스(4~6호), 네임펜, 아이클레이 또는 상징물, 글루건, 파스텔

2) 적용 대상 및 유형

아동, 청소년, 성인 / 개인, 집단

3) 적용 시기

중기, 종결기

4) 목표

자신의 가치를 인식하고 현재와 미래의 자신을 구조화시킴으로써 비전을 형성한다.

5) 작업 과정

① 자신이 소중하게 생각하는 것을 떠올리고 아이클레이로 만든다.

② ①을 글루건을 이용하여 캔버스 중심에 붙인다.

③ ②를 중심으로 소중한 것과의 첫 만남을 떠올리며 현재의 자신에게 미친 영향력과 미래의 자신에게 미칠 영향력에 대해 생각하며 글로 적어 나간다.

④ 파스텔을 이용하여 캔버스를 꾸며 준다.

⑤ 자신의 작품을 소개하고 이야기 나눈다.

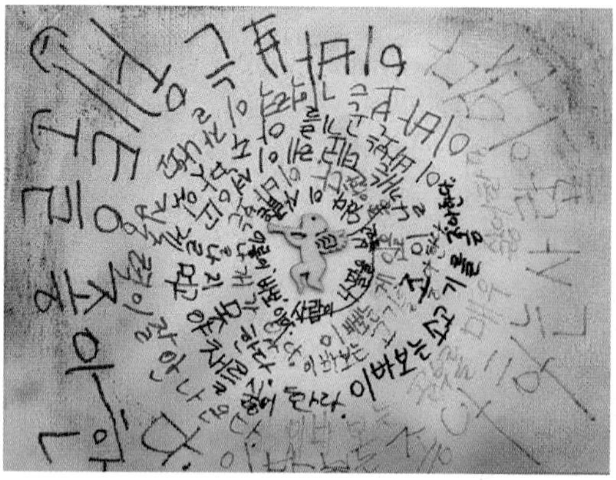

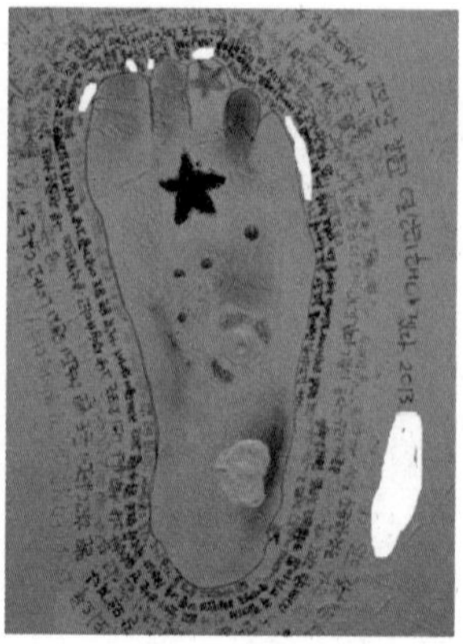

6) 치료사의 유의점

- 낮은 인지능력을 보이거나 긴장도가 높고 자기표현이 어려운 내담자는 좌절감을 경험할 수 있으므로 유의하여야 한다.
- 글쓰기를 멈추지 않도록 하고 생각을 멈출 때에는 펜의 색깔을 바꿔 적도록 한다.

7) 변형 기법

소중한 물건 대신에 자신의 발을 본뜨거나 발바닥 찍기를 이용하여 발을 중심으로 돌아가며 글쓰기를 한다. 현재 자신의 인식과 미래에 나아갈 목표에 대해 구조화한다.

8. 나의 성장나무

1) 준비물

캔버스 또는 색 종이접시(4~6호), 석고가루, 목공 본드, 물감, 물, 플라스틱 접시, 일회용 컵, 나무젓가락, 일회용 숟가락

2) 적용 대상 및 유형

아동, 청소년, 성인, 노인 / 개인, 집단

3) 적용 시기

종결기

4) 목표

자신의 성장과 미래의 모습에 대해 구체적으로 연상해 보고 긍정적 미래상을 갖는다.

5) 작업 과정

① 나를 상징하는 성장나무를 상상한다.

② 일회용 컵에 내가 필요한 색깔의 물감과 목공 본드, 물, 석고가루를 함께 섞는다.

③ ②를 덜어 일회용 숟가락으로 준비된 캔버스나 색 종이접시 위에 성장나무를 그린다.

④ 캔버스 여백에 추가하고 싶은 것이 있을 땐 더 꾸며 주고 자신의 사인을 한다.

⑤ 나를 상징하는 성장나무를 바라보며 자신이 무엇을 해야 하고 필요로 하는지 느껴 본다.

⑥ 작품의 제목을 정하고 이야기 나눈다.

6) 치료사의 유의점

- 석고가루가 빨리 굳는 특성이 있으므로 작업 진행을 빠르게 하여야 한다.
- 물의 양에 따라 석고의 농도가 달라지므로 물의 양 조절에 주의한다.

9. 소망나무

1) 준비물

8절 켄트지, 다양한 색상지, 사인펜, 색연필, 가위, 풀

2) 적용 대상 및 유형

아동, 청소년, 성인 / 개인, 집단

3) 적용 시기

종결기

4) 목표

자신의 욕구를 이해하고 미래에 대한 희망을 갖도록 하여 자기효능감을 증진한다.

5) 작업 과정

① 켄트지에 자신을 상징하는 크고 아름다운 나무 한 그루를 그린다.

② 자신이 이루고 싶은 것들을 열매로 표현한다.

③ 열매에 이루고 싶은 소망을 적은 후 오린다.

④ 나무의 배경이 될 색상지를 선택하여 그 위에 ③을 붙인 후 배경에 추가하고 싶은 것을 그려 넣는다.

⑤ 자신의 나무와 나무의 배경색이 주는 의미에 대해 생각해 본다.

⑥ 제목을 정하고 이야기 나눈다.

6) 치료사의 유의점

- 이루고 싶은 소망을 적을 때 매우 소소한 것까지 적어 보게 한다.
- 배경색이 될 색상지를 다양하게 준비하여 내담자의 선택의 폭이 넓어지도록 한다.

10. 한 해를 보내며

1) 준비물

캔버스(20호) 또는 우드락, 아크릴물감, 붓, 펠트지, 글루건, 가위, 카드, 금 · 은색 리본끈, 꾸미기 재료, 리본이나 테이프

2) 적용 대상 및 유형

아동, 청소년, 성인 / 집단

3) 적용 시기

종결기

4) 목표

자신의 소원을 표현함으로써 새로운 희망감을 갖는다.

5) 작업 과정

① 첫 번째 카드에 한 해를 열심히 살아온 자신에게 해 주고 싶은 말을 적는다.

② 두 번째 카드에 자신의 소망과 새해 다짐을 적는다.

③ 집단원이 준비된 캔버스에 크리스마스 트리를 그린다.

④ 리본끈, 펠트지로 트리를 장식하고 두 개의 카드를 건다.

⑤ 제목을 정하고 이야기 나눈다.

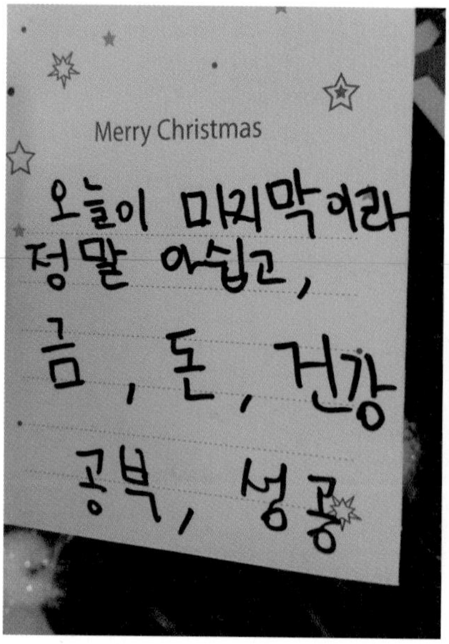

6) 치료사의 유의점

- 캔버스 대신 우드락을 사용해도 좋다.
- 카드의 내용 공개를 불편해하는 내담자의 경우 리본이나 테이프로 밀봉하는 것도 좋다.

11. 무지갯빛 소망

1) 준비물

꽃소금, 파스텔, 일회용 투명컵, A4용지, 접착메모지, 나무젓가락, 드라이플라워, 꾸미기 재료

2) 적용 대상 및 유형

유 · 아동, 청소년, 성인, 노인 / 개인, 집단

3) 적용 시기

종결기

4) 목표

자신의 욕구를 이해하고 미래에 대한 희망을 갖도록 하여 자기효능감을 증진한다.

5) 작업 과정

① 자신의 여러 가지 소망에 대해 생각해 보고 이야기를 나눈 후 소망과 관련하여 파스텔 색을 고른다.

② A4용지에 파스텔을 문질러 파스텔 가루와 소금을 섞는다.

③ 소망별로 만들어 놓은 색깔소금을 일회용 투명컵에 차례로 붓는다.

④ 자신을 응원하는 메시지를 접착메모지에 적고 나무젓가락에 붙인 깃발을 만들어 완성된 소망 병에 꽂는다(깃발 대신에 드라이플라워로 꽂아 장식할 수 있다).

⑤ 제목을 정하고 이야기 나눈다.

6) 치료사의 유의점

- 색깔소금을 유리병 안에 담은 후 넘어지지 않도록 주의하여야 한다.
- 유리 공병의 크기에 따라서 소금의 양을 조절한다.

7) 변형 기법

소금 대신 색모래로 대체할 수 있다.

12. 타임캡슐

1) 준비물

유리 공병이나 캔, 켄트지(엽서 크기), 네임펜, 색연필, 꾸미기 재료

2) 적용 대상 및 유형

아동, 청소년, 성인 / 개인

3) 적용 시기

초기

4) 목표

자신의 주호소와 욕구를 탐색하고 구조화하여 상담의 동기를 유발시키며 희망을 갖갖게 한다.

5) 작업 과정

① 치료사와 내담자의 주호소와 욕구에 대해 이야기 나눈다.

② 치료사와 내담자가 각각 '상담을 통해 변화되고 싶은 자신(내담자)'을 켄트지에 적고 꾸민다.

③ 유리 공병이나 캔에 ②를 접어 넣고 밀봉한 후 비밀스러운 공간을 찾아 보관한다.

④ 상담 종결기에 함께 꺼내어 보기로 약속한다.

6) 치료사의 유의점

• 타임캡슐은 타인의 눈에 띄지 않는 공간(화단이나 나무 밑)에 보관하도록 한다.
• 타인에게 노출되는 것에 대한 불안감이 있을 수 있으므로 밀봉하는 과정에서 신중을 기한다.

7) 변형 기법

집단활동에서 '변하고 싶은 자신의 모습'을 적거나 '이루고 싶은 목표'를 적어 하나의 병 안에 담고 적절한 장소에 묻거나 보관한다.

13. 힐링 만다라

1) 준비물

전지 켄트지(큰 원), 가위, 네임펜, 다양한 색상의 접착메모지, 배경음악

2) 적용 대상 및 유형

아동, 청소년, 성인 / 집단

3) 적용 시기

종결기

4) 목표

자신의 희망과 비전으로 긍정적인 미래상을 확립하고 집단원의 지지와 격려를 통해 심리적 안정감과 자존감을 향상시킨다.

5) 작업 과정

① 오려 둔 큰 원을 집단의 인원수만큼 조각낸다.

② 심호흡과 함께 자신의 미래를 만나 보는 명상을 한다.

③ 미래의 자신에게 편지를 쓴다.

④ 쓴 편지를 옆 사람에게 돌리고 집단원이 읽은 후, 접착메모지에 지지나 격려의 메시지를 적어 편지에 붙여 준다.

⑤ 자신의 편지를 받고 접착메모지의 메시지를 읽는다.

⑥ 조각을 원의 형태로 구성한 후, 소감을 나눈다.

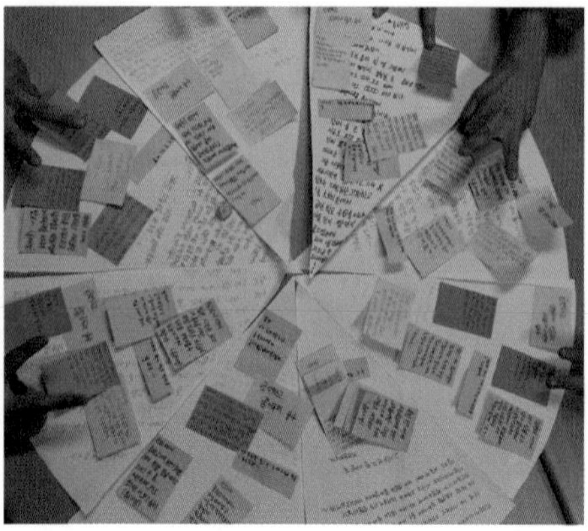

6) 치료사의 유의점

- 대상자의 연령과 집단의 특성에 따라 미래의 시점은 조절할 수 있다.
- 배경음악과 함께 묵언으로 진행한다.
- 접착메모지 색상을 다양하게 준비하여 집단원이 자신의 색상을 선택하도록 한다.

14. 나의 명함

1) 준비물

두꺼운 켄트지(32절 크기), 네임펜, 색연필

2) 적용 대상 및 유형

아동, 청소년, 성인 / 개인, 집단

3) 적용 시기

초기, 중기, 종결기

4) 목표

미래의 이상적인 자신에 대해 인식하고 구체화함으로써 비전을 갖는다.

5) 작업 과정

① 자신의 꿈과 이상에 대해 이야기를 나눈다.

② 세상의 다양한 직업과 명함에 대해 이야기 나눈다.

③ 자신만의 독특하고 특별한 명함을 꾸미고 만든다.

④ 미래의 자신과 자신의 직업, 희망에 대해 발표한다.

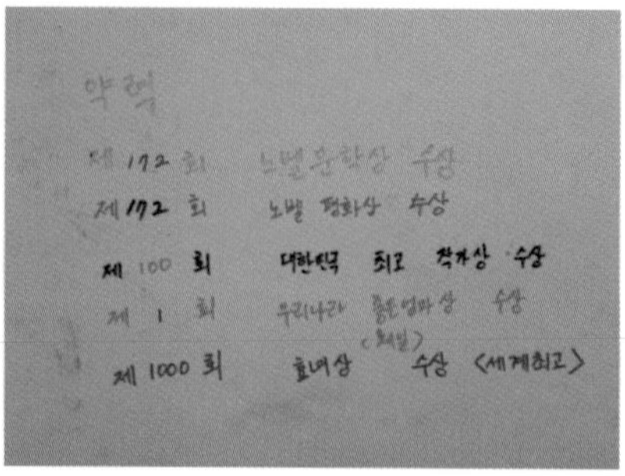

6) 치료사의 유의점

- 대상자의 유형과 특성에 따라 명함의 크기는 다를 수 있다.
- 화지의 두께와 질은 작품의 완성도에 영향을 미치므로 고려한다.

7) 변형 기법

- 청소년 집단활동에서 자신의 명함을 소개한 후에 자신의 직업과 관련 있거나 관심이 가는 직업의 또래를 만나 교류하는 시간을 가짐으로써 상호작용을 더욱 촉진시킬 수 있다.
- 상장 또는 자격증 만들기: 자신이 받고 싶은 상장이나 취득하고 싶은 자격증을 생각해 보고 16절지 크기의 켄트지에 꾸미기 작업을 한 후 이야기 나누기를 할 수 있다.

15. 여섯 가지 이야기

1) 준비물

4절 켄트지, 사인펜, 색연필

2) 적용 대상 및 유형

아동, 청소년, 성인 / 개인, 집단

3) 적용 시기

중기, 종결기

4) 목표

현재 자신을 가로막고 있는 장애와 문제를 발견, 해결하여 미래 비전을 갖는다.

5) 작업 과정

① 켄트지를 6등분한다.

② ①에 다음과 같은 순서대로 6가지 상황의 그림을 그린다.

첫째 칸, 주인공을 그린다. 둘째 칸, 그 주인공을 괴롭히는 인물을 그린다. 셋째 칸, 둘 사이를 화해시키고 주인공을 도와주는 인물을 그린다. 넷째 칸, 그들이 어떤 갈등을 겪고 있는지에 대한 내용을 그린다. 다섯째 칸, 결과적으로 어떤 일이 발생되었는지에 대한 내용을 그린다. 여섯째 칸, 자신이 마음속으로 바라던 결과는 어떤 것이었는지에 대한 그림을 그린다.

③ 제목을 정하고 6가지 과정에 대해 이야기를 나눈다.

6) 치료사의 유의점

집단활동에서는 소집단이 모여서 이야기를 나누고 그중 한 사람의 이야기를 주제로 3분극이나 무언극 또는 집단원이 신체 조각상으로 확장 작업할 수 있다.

16. 비전탑

1) 준비물

점토, 우드락, 나무젓가락, 메모지 또는 접착메모지, 물티슈

2) 적용 대상 및 유형

아동, 청소년 / 개인, 집단

3) 적용 시기

종결기

4) 목표

개인이나 집단의 목표달성을 다시 한 번 재확인하며 앞으로의 비전을 이야기한다.

5) 작업 과정

① 프로그램 초기 세웠던 목표나 목적에 대해 다시금 상기하며, 초기 세운 목표들이 어느 정도 이루어졌는지 나눈다.

② 점토를 이용하여 최대한 높은 탑을 만들어 보게 한다.

③ 메모지(또는 접착메모지)를 제시하고 앞으로 이루고 싶은 소망이나 목표를 적어 보게 한 후 나무젓가락에 붙여 완성된 탑에 꽂는다.

④ 탑의 이름을 함께 정해 보고 소감을 나눈다.

6) 치료사의 유의점

집단원 수에 따라 집단을 나누어 집단원이 함께 탑의 모양을 생각해 본 후 역할을 나누어 협력하여 작업하게 한다.

저자 소개

김인선Kim In Seon

성신여자대학교 미술대학 석사 및 원광대학교 동서보완의학대학원 석사
원광대학교 일반대학원 보건학과 예술치료전공 박사
전 성신여자대학교, 경성대학교, 원광대학교, 원광대학교 대학원, 광주여자대학교 외래교수
원광대학교 동서보완의학대학원 예술치료학과 초빙교수
현 원광보건대학교 간호학과 겸임교수
(사)한국예술치료학회 부학회장
(사)한국예술치료학회전북지부 김인선미술치료연구소 소장

〈주요 논저〉

『마음을 읽어줘!: 미래에 필요한 인재』(공저, 양서원, 2011)
「집단미술치료가 학교부적응 아동의 학습동기와 자기효능감에 미치는 효과」(한국예술치료학회지, 2004)
「정서장애 아동의 전반적인 능력향상을 위한 미술치료 사례연구」(한국예술치료학회지, 2009)
「자기표현에 어려움이 있는 성인의 정신역동적 미술치료사례」(한국예술치료학회지, 2014)

김설화Kim Seol Hwa

원광대학교 동서보완의학대학원 석사
원광대학교 일반대학원 보건학과 예술치료전공 박사
전 전주기전대학교 사회복지상담학과 겸임교수
현 원광대학교 보건보완의학대학원 미술치료학과 초빙교수
(사)한국예술치료학회 군산연구소 그린맘심리발달연구소 소장

〈주요 논문〉

「집단미술치료가 시설모자가정 아동의 스트레스 및 자아존중감에 미치는 영향」(한국예술치료학회지, 2008)
「모를 대상으로 한 집단미술치료가 모의 양육스트레스와 자녀의 일상적 스트레스에 미치는 효과」(한국예술치료학회지, 2010)

전은청 Chun Eun Chung

원광대학교 동서보완의학대학원 석사

전북대학교 생활과학과 아동상담전공 박사과정 수료

전 고구려대학교 아동복지학과 겸임교수

현 전주마음샘아동가족상담센터 소장

〈주요 논문〉

「만화기법을 이용한 집단미술치료가 정서장애아동의 대인관계향상과 공격성 감소에 미치는 영향: 지역아동센터 아동을 중심으로」(한국예술치료학회지, 2009)

「아동의 모 애착 및 분노와 정서 · 행동문제간의 관계」(한국가정관리학회지, 2010)

「아동을 대상으로 한 분노조절프로그램 경향분석: 2000년~2010년도 국내논문을 중심으로」(아동과 권리, 2012)

오승주 Oh Seung Ju

원광대학교 동서보완의학대학원 석사

원광대학교 일반대학원 보건학과 예술치료전공 박사

전 원광대학교 보건보완의학대학원 특수심리치료학과 외래교수

현 (사)한국예술치료학회 세종연구소 오승주박사예술심리치료센터 소장

〈주요 논문〉

「뚜렛장애아동의 불안감소 및 또래관계 향상을 위한 예술치료 사례」(임상예술치료연구, 2013)

「인지행동이론을 기반으로 한 집단미술치료가 소년원재소 비행청소년의 부정적 자동적 사고와 공감능력에 미친 영향」(교정복지연구, 2015)

「인지행동이론을 활용한 집단미술치료가 비행청소년의 애착과 분노에 미친 영향」(청소년시설환경, 2015)

임상 적용을 위한 미술치료기법

Art Therapy Techniques for Clinical Application

2018년 3월 30일 1판 1쇄 발행
2023년 8월 10일 1판 5쇄 발행

지은이 • 김인선 · 김설화 · 전은청 · 오승주

펴낸이 • 김 진 환
펴낸곳 • (주) 학 지 사
04031 서울특별시 마포구 양화로 15길 20 마인드월드빌딩 5층
대표전화 • 02) 330-5114 팩스 • 02) 324-2345
등록번호 • 제313-2006-000265호
홈페이지 • http://www.hakjisa.co.kr
페이스북 • https://www.facebook.com/hakjisabook

ISBN 978-89-997-1535-8 93180

정가 **20,000**원